ANGÈLE DE SAINTE-C***

COMTESSE DE P***

ET

MARIE DE P***.

PROPRIÉTÉ DE

PARIS. — IMPRIMERIE DE W. REMQUET ET Cie,
rue Garancière, 5.

NOTICE

SUR LA VIE

D'ANGÈLE DE SAINTE-C***

Comtesse de P***

ET DE

SA FILLE MARIE DE P***.

ÉLÈVES

DE LA CONGRÉGATION DE NOTRE-DAME

MAISON DITE DES OISEAUX.

DEUXIÈME ÉDITION.

PARIS

LIBRAIRIE DE Mme Ve POUSSIELGUE-RUSAND,

Rue Saint-Sulpice, 23.

1853.

[illegible]

[illegible]

[illegible]

MAISON DITE DES OISEAUX

[illegible]

[illegible]

[illegible]

PRÉFACE.

La notice sur Angèle de Sainte-C***, comtesse de P***, appartiendrait naturellement aux *Souvenirs de la Congrégation de Notre-Dame, ou Vies de plusieurs jeunes élèves de la maison des Oiseaux*. Nous l'en avons détachée dans la pensée que bien des lecteurs qu'intéresseraient fort peu de simples vies de pensionnaires, liraient avec plus de plaisir et de profit celle d'une jeune femme.

Nous devons les détails intéressants ajoutés à cette seconde édition au *livre manuscrit* sur lequel Angèle notait les pensées les plus intimes de son âme, précieux dépôt de famille qui nous a été communiqué avec une confiance dont nous avons été si touchées. La correspondance d'Angèle, avec une amie qu'il avait été impossible de consulter d'abord, nous a fourni également bien des pages édifiantes.

Souvent on nous a demandé : — Et la fille d'Angèle, cette petite Marie *de la sainte Vierge,* ainsi qu'elle s'appelait elle-même, qu'est-elle devenue : ressemble-t-elle à la mère? — Hélas ! elle nous a quittées, elle aussi, pour un meilleur séjour; elle a été rejoindre Angèle. Nous offrons ici sa courte vie de six ans comme la continuation de la vie et de l'éloge de sa mère ; car Angèle avait su rendre cette enfant naturellement chrétienne et pieuse, en imprimant, pour ainsi dire, son âme dans l'âme de Marie.

[illegible]

[illegible]

[illegible]

[illegible]

AUX ENFANTS D'ANGÈLE.

Quelques années encore, chers enfants, nous pouvons bien vous appeler de ce nom qu'il nous fut si doux de donner à votre mère, et vous ne comprendrez que trop l'étendue de la perte que vous avez faite. Vos pieux parents, votre bon père, vous rediront les vertus de celle qui vous a été enlevée, l'amour qu'elle vous portait, les continuelles sollicitudes de son cœur pour votre avenir. Nous aussi, elle nous avait faites dépositaires de son ardente foi, des héroïques sentiments de son âme. Sa vie presque entière s'était écoulée sous nos yeux. C'est un bien qui vous appartient, le plus cher, le plus précieux des héritages ; nous ne voulons pas en laisser perdre un seul souvenir, et avant que vous puissiez comprendre la valeur de ces richesses, nous les avons réunies pour vous les conserver précieusement.

Elles seront chères aussi à ce père tendre et dévoué pour ses enfants, dans lequel semble avoir passé l'âme de son Angèle. C'est à lui que nous confions ce dépôt, faible témoignage du besoin qu'éprouvent ici tous les cœurs de répondre à la confiance dont cette chère Angèle nous a donné jusqu'à la fin des gages si touchants.

Elle a voulu que nous essayions de contribuer au salut de ses enfants. « *C'est cette assurance,* nous dit-elle, *qu'il lui a fallu pour mourir tranquille.* » Chers enfants, nous nous sommes empressées de satisfaire à ce dernier désir de votre mère ; nous vous offrons sa vie pour règle de la vôtre... Lisez-la... et quand viendront les orages, quand les passions voudront faire entendre leur voix, dites-vous : Qu'attendait de moi ma mère ? Que m'eût conseillé ma mère ? Quels tendres reproches m'eût adressés ma mère ?

Faites cela, et vous vivrez de cette vie de foi dont elle a vécu, qu'elle eût *voulu vous communiquer avec la vie, plus encore que la vie.*

[illegible]

[illegible]

ANGÈLE DE SAINTE-C***,

COMTESSE DE P***.

Décédée le 3 mai 1845. — Âgée de 28 ans et demi.

Angèle de Sainte-C***, dont le séjour aux Oiseaux a laissé de si profonds souvenirs parmi ses
mères et parmi ses compagnes, est un modèle
que nous offrirons avec d'autant plus de confiance à ses chers enfants, aux élèves qui l'ont
connue, à celles qui lui ont succédé, que sa
vertu, loin d'être l'effet de dispositions heureuses,
fut constamment le prix des plus généreux combats, et qu'aucun exemple ne sera plus encoura-
geant pour les âmes qui voudront triompher par
la foi, comme Angèle, des passions les plus propres à les entraîner hors de la ligne du devoir.

Elle appartenait à une famille qui regardait la piété et la vertu comme le plus précieux héritage qu'elle pût léguer à ses enfants; aussi Mme de Sainte-C*** mit-elle tous ses soins à faire passer dès le premier âge dans le cœur de sa fille les principes de foi pratique qui l'animaient elle-même. Mais Angèle avait apporté en naissant des passions ardentes, un entêtement, une vivacité telle qu'aucun frein ne semblait pouvoir dompter cette nature difficile.

Angèle épuisa chez ses parents toutes les ressources de la douceur et de la fermeté : on l'avait vue se mettre dans des colères qui n'allaient à rien moins qu'à frapper et à mordre ceux qui l'entouraient; les punitions l'exaspéraient à un tel point qu'elle se fût portée aux derniers excès; une fois entre autres, qu'on avait jugé à propos de l'enfermer à la suite d'un violent accès de colère, la Providence permit qu'une de ses bonnes, inquiète de son état, entrât assez à temps pour retenir par les vêtements notre petite volontaire au moment où elle s'élançait par la fenêtre dans les fossés du château qu'elle habitait.

Mme de Sainte-C***, désespérant de triompher elle-même d'un pareil caractère, nous confia Angèle lorsqu'elle n'avait encore que sept ans et demi. Nous ne parlerons ici de ses premières années que pour mieux faire ressortir le pouvoir de la grâce et surtout celui de la sainte Vierge dans le cœur qui veut l'aimer ; car la vie de cette enfant ne fut qu'un long triomphe de l'amour de Marie sur les penchants les plus impérieux et les plus dominants : l'insubordination, une légèreté que rien ne pouvait fixer, un orgueil indomptable, une indévotion soutenue, et avec tout cela une telle mobilité dans les idées, qu'on ne savait plus par moment, malgré sa franchise si l'on devait croire à la sincérité de ses aveux et de ses retours : tels furent les défauts que nous eûmes à combattre dans Angèle sept années entières avant de pouvoir espérer aucun fruit solide de nos travaux.

Douée des dispositions les plus heureuses, elle avait acquis sur ses compagnes, dès sa première enfance, un ascendant auquel rien ne résistait. A la tête de tous les jeux, de toutes les entreprises, elle n'avait qu'un mot à prononcer

1.

pour entraîner celles de son âge. Lorsqu'elle avait résolu d'être docile, ce qui arrivait bien quelquefois, toutes l'imitaient; mais aussi, dans le cas contraire, on marchait à l'envi sur ses traces. Elle le savait bien, et ce n'était pas sans quelque fondement qu'elle avait dit à sa mère, au retour de certaines vacances aussi orageuses que l'année qui les avait précédées : « Eh bien ! maman, puisque vous voulez me remettre dans ce vilain couvent, je vous préviens que je ferai soulever tout le pensionnat; comme nous serons toutes méchantes, on ne pourra pas nous renvoyer, et nous aurons du bon temps. »

Le soulèvement ne vint pas à la suite de ces menaces, car on savait bien mettre enfin à la raison cette petite tête ; mais ce n'était pas sans peine : plus d'une fois il fallut recourir aux grands moyens et faire subir à notre pauvre Angèle les différentes peines qu'impose le règlement aux élèves près desquelles la douceur et la persuasion sont infructueuses. On peut dire qu'elle les usa toutes en quelque sorte. Elle ne se montra guère sensible qu'à une seule, la plus rigoureuse de toutes : la privation du costume. C'est que cette punition entraînait avec elle une sorte de déshonneur.

L'entière liberté que nous avait laissée son excellente mère, inconsolable de voir grandir sa fille avec de tels défauts, empêchait seule qu'on la lui rendît. Ce qui nous rassurait encore, c'est qu'à l'insubordination près il y avait dans cette enfant toutes les qualités propres à en former avec le temps un sujet vraiment remarquable. Outre des moyens peu communs, joints à une application constante, la délicatesse de sentiments la plus exquise, un cœur peut-être trop sensible, on ne tarda pas à voir naître en elle avec la raison, non une foi languissante et faible comme dans la plupart des enfants, mais cette foi pratique, ardente, qui renversé les obstacles et qui transporterait les montagnes, pour employer l'expression de l'Évangile. — Nous aurons plus d'un exemple à en citer, ou plutôt ce sera toute la vie, tout l'éloge d'Angèle.

Avant qu'elle eût à offrir à son Dieu les victoires remportées sur l'impétuosité de son caractère, Angèle avait conçu, dès l'enfance, un de ces désirs qui dénote une âme généreuse et que

l'on admire avec raison dans sainte Thérèse
fuyant, à dix ans, la maison paternelle pour
trouver chez les Maures la palme du martyre.
« A huit et neuf ans, écrit l'une de ses plus in-
« times amies, nos entretiens roulaient le plus
« souvent sur la gloire et sur le bonheur de ces
« âmes privilégiées auxquelles il a été accordé
« de donner à leur Dieu vie pour vie, sang pour
« sang. Cette pensée nous enflammait tellement
« que nous regrettions sincèrement de n'avoir
« pas vécu au temps des persécutions ; et nos ré-
« créations s'écoulaient trop rapidement dans
« les beaux projets de constance et d'intrépidité
« que nous formions à l'envi. — Je dois dire que
« c'était toujours Angèle qui se montrait la plus
« ardente et la plus persuasive dans ses discours
« sur ce chapitre intarissable : elle y revenait
« comme naturellement au milieu des jeux qui
« ne semblaient pas se rattacher à cette pensée
« Un jour, que nous simulions une distribution
« de prix, Angèle et moi allions être décorées de
« rubans de sagesse : il y en avait de bleus et de
« rouges ; on nous donne à choisir. — « Je prends
« le rouge, dit Angèle avec sa vivacité accoutu-

« mée ; c'est la couleur du martyre, j'ai toujours
« désiré mourir martyre de ma foi. » — Ce mot
« est peu de chose, ajoute Esther ; mais quand on
« pense que celle qui le prononça était si jeune,
« et que l'on sait comme moi qu'il exprimait
« réellement sa pensée la plus intime, le plus
« cher de ses vœux, on ne peut qu'être pieuse-
« ment édifié. »

Le cœur si aimant d'Angèle s'ouvrit de bonne
heure aussi à la plus douce et à la plus solide
des dévotions, celle de la sainte Vierge. Dans
ses plus mauvais moments mêmes, elle n'aurait
pas voulu laisser passer un jour sans lui adresser quelque prière. A cette époque, la Congrégation des enfants de Marie n'avait pas encore
de chapelle particulière. Si l'on eût voulu se
rendre aux désirs d'Angèle, on eût bientôt trouvé
l'emplacement et les fonds nécessaires pour élever à sa bonne mère un oratoire qui lui fût exclusivement consacré ! « Que de récréations pas-
« sées, nous dit encore Esther, à former nos
« plans à cet égard, à dresser nos batteries pour
« faire tomber toutes les difficultés que pourrait
« nous objecter notre chère maman Sophie, et

« arracher d'elle une permission en bonne forme !

« — Que de nouveaux hommages nous procure-

« rons à la sainte Vierge, me disait Angèle, si

« nous venons à bout de notre dessein ! »

Il n'était pas possible de seconder alors les pieux souhaits de cette chère enfant; mais il lui fut donné plus tard de posséder enfin avec cette chapelle tant désirée le beau titre d'enfant de Marie, objet unique de son ambition pendant plusieurs années. Avant d'arriver là, il lui restait encore bien du chemin à faire, bien des combats à livrer, de glorieuses victoires à remporter.

L'un des signes de bénédiction et de salut qui se firent remarquer dans cette enfant, dès les premières lueurs de la raison, ce fut un amour, c'est trop peu dire, une tendresse pour les pauvres, qui lui rendait facile toute espèce de sacrifice pour les soulager. Après leur avoir donné tout l'argent de ses menus plaisirs, elle se fût même volontiers dépouillée de ses vêtements si on ne l'en eût empêchée. Ses parents eux-mêmes en firent souvent l'épreuve. Une fois, entre autres, l'un d'eux, voulant s'assurer si cette enfant rachetait au moins par la sensibilité du cœur des défauts aussi graves que ceux qui lui étaient reprochés, s'avisa de faire habiller en pauvre sa jeune sœur. Un domestique, mis dans le secret, vient ensuite demander ce qu'il faut faire d'une petite fille à demi vêtue et transie de froid qui sollicite un coin de grenier seulement pour passer la nuit. On répond à dessein que ce n'est sans doute qu'une petite fainéante ; que la maison n'est pas destinée à de telles gens ; qu'on l'envoie travailler ; mais Angèle aussitôt prend fait et cause pour l'enfant ; dit que, lors même qu'il n'y aurait pas de lit dans la maison, il y a toujours le sien ; qu'elle en est bien maîtresse, et qu'elle prétend que cette enfant y couche : puis, sans attendre d'autre décision, elle descend précipitamment auprès de la pauvre enfant, et, après lui avoir glissé dans la main quelques pièces d'argent, voyant qu'elle n'a que de gros sabots ; que le reste de son costume n'est pas en fort bon état, déjà elle lui a donné ses souliers, et se met en devoir d'ôter sa robe pour l'en revêtir, quand sa sœur, qui, jusque-là, avait tenu la tête baissée, ne pouvant plus garder son sang-froid, se jette

dans ses bras, et lui fait connaître le strata-
gème.

Durant le terrible hiver de 1829, où la misère
fut si grande dans le pauvre peuple, la supérieure de la maison pensa que les élèves ne
pourraient se faire une juste idée des besoins de
tant d'infortunés qu'en voyant de leurs yeux jusqu'où allait leur dénûment. Sans en aller chercher bien loin les preuves, quelques-unes des
enfants de nos classes externes ne nous l'apprenaient que trop. On montra donc aux élèves les
habits de l'une d'elles que l'on venait de revêtir
des pieds à la tête. Sa chemise n'était qu'un vieux
haillon sans manches, aussi noire que si elle
l'eût portée durant six mois. Point de jupon, une
pauvre robe et un tablier de toile troués de tous
côtés, ses bas et ses sabots tellement usés que la
pauvre enfant marchait les pieds à demi nus. Ce
spectacle produisit sur toutes l'effet que nous en
attendions, l'amour des pauvres et le désir de les
soulager ; mais Angèle vint de suite aux expé-
dients : la bourse de ses menus plaisirs fut aussitôt vidée dans le tronc des pauvres ; ses vêtements
d'hiver leur auraient été distribués sans l'opposi-

tion de la maîtresse du pensionnat. Ce n'était pas encore assez : on touchait aux jours gras, époque à laquelle les élèves avaient coutume de faire un goûter splendide dont elles dirigeaient l'ordonnance. Angèle, bien que les mathématiques ne fussent pas son côté brillant, eut bientôt calculé les dépenses qu'entraînait cet extraordinaire, et conçut son plan. Il fut arrêté, de concert avec ses compagnes, que le goûter serait supprimé, et que les frais qu'il aurait exigés serviraient au soulagement des pauvres pendant l'hiver. La requête présentée à la supérieure à ce sujet fut accueillie comme elle méritait de l'être. L'on sut toutefois s'arranger de telle sorte que les élèves trouvassent non-seulement dans le bon témoignage de leur conscience, mais encore dans des jeux nouveaux le dédommagement de ce sacrifice, et jamais jours gras ne se passèrent si gaiement.

Angèle avait eu le bonheur de faire sa première communion cette année-là même, 28 mai, et ce n'avait pas été sans peine : il avait fallu, en sa considération surtout, séparer complétemen le petit troupeau, et le transporter dans une

maison à part que nous avions au bout du jardin. Récréations, classes, exercices de piété, tout fut calculé d'après les besoins de ces enfants, qui composaient bien, cette année-là, la bande la plus turbulente du pensionnat. On n'eut pas à regretter tant de soins. Angèle sut pendant ce temps électriser en quelque sorte ses compagnes pour le bien. Là, comme autrefois pendant les récréations où elle savait si bien organiser un jeu, la maîtresse n'avait plus eu en quelque sorte qu'à seconder et à diriger l'impulsion donnée par cette enfant énergique. Les mortifications, les sacrifices les plus pénibles, rien ne semblait coûter à Angèle dans la pensée de ce beau jour, où elle goûta Dieu de façon à ne jamais oublier les saintes impressions qu'elle avait reçues ; aussi conserva-t-elle un souvenir ineffaçable de sa première communion. Elle écrivait quatorze ans après à une de ses compagnes : « C'est aujour-
« d'hui le 28 mai, anniversaire bien doux à mon
« cœur ; à pareil jour, vous et moi, ma chère
« Victoire, nous eûmes le bonheur de faire en-
« semble notre première communion. Avec quelle
« joie je me reporte à ce jour qu'on nous disait

« avec tant de raison être le plus beau de notre
« vie! J'ai communié pour en renouveler la mé-
« moire. — Qu'est devenu ce petit troupeau de
« quatorze brebis choisies? — Quelques-unes ont
« déjà remporté la victoire ; les autres combat-
« tent encore comme nous sur la terre. Vous
« rappelez-vous combien nous étions heureuses
« alors? Oh! ce sont de ces moments qu'on ne
« saurait retrouver qu'au ciel!... »

Nous ne dirons pas qu'Angèle fut après sa première communion le modèle de ses compagnes :
la vivacité de sa foi se faisait bien jour de temps
à autre, surtout aux époques des grandes fêtes et
lorsqu'il s'agissait de se préparer à l'approche
des sacrements ; mais dans l'intervalle cette nature ardente et impétueuse ne pouvait supporter
encore une contrainte trop prolongée. La vie
d'Angèle ne fut donc quelques années encore
qu'une vicissitude de conversions éclatantes et
de rechutes aussi remarquables. Sa franchise,
son excellent cœur, j'ajouterai son audace, et le
mot n'est pas trop fort, la faisaient aimer si généralement des autres élèves qu'elles auraient
fait l'impossible pour lui prouver leur affection.

Si l'une d'elles avait quelque peine, on était sûr de voir Angèle à ses côtés; elle rendait à toutes indistinctement ces bons offices qu'une pensionnaire peut attendre d'une autre; et dès qu'il s'agissait d'obliger ses compagnes ou de leur épargner quelque réprimande, loin de craindre d'être trouvée en faute, elle était en quelque sorte heureuse d'attirer sur elle seule tout le blâme. Se soumettant avec peine à toute autorité supérieure, jamais Angèle ne fit souffrir ses compagnes de cet esprit de domination qui faisait le fond de son caractère.

Les frivoles avantages qui déterminent quelquefois les amitiés entre pensionnaires n'entrèrent jamais dans sa pensée. La fortune, la naissance, les talents, les agréments extérieurs, l'esprit même, avaient peu d'empire sur elle; mais avait-elle trouvé une âme élevée, énergique, un cœur sensible et dévoué, son choix était fait. — L'une des amies de ce caractère qu'elle s'était attachée lui dit un jour : « Ma chère Angèle, certes votre amitié m'est bien douce; mais je crois qu'il sera plus sage que j'y renonce de bonne heure. — Et pourquoi donc, s'il vous plaît?

— C'est que ma famille, bien qu'honorable, n'est nullement en position de voir la vôtre. — Eh bien, si déjà vous n'étiez pas si avant dans mon cœur, je veux que vous sachiez, ma chère N***, qu'un tel procédé de votre part suffirait pour vous y donner la place que vous y occupez et que vous y occuperez toujours. Vous savez bien que moi je mesure les gens par le cœur. — Elle continua en effet d'être jusqu'à la fin de sa vie en rapport de correspondance et d'amitié avec cette compagne, qui méritait en effet toute son estime. Angèle, dont le cœur s'attachait si fortement, eut plus d'une observation à recevoir sur l'article des amitiés particulières pendant son séjour au pensionnat ; mais on lui rendit toujours la justice de reconnaître que ses choix étaient heureux. Ses amies furent toutes dans la suite des enfants vraiment remarquables par leur piété éclairée et par leur conduite pleine de sagesse dans le monde.

L'un des préservatifs les plus puissants contre les passions qui auraient pu dominer Angèle fut son assiduité à l'étude ; et les succès qui couronnèrent constamment ses travaux venaient encore en doubler l'intérêt. Elle fut en quelque sorte l'âme de toutes les classes qu'elle traversa depuis la première jusqu'au cours supérieur. Avide d'apprendre toujours quelque chose de nouveau, les difficultés tombaient devant son application et son intelligence. Son imagination semblait communiquer le corps et la vie aux plus simples moyens d'émulation. Les classes, divisées militairement en deux camps, qui doivent former l'image d'un combat dans les règles, devenaient réellement pour elle un champ de bataille littéraire, où Grecs, Romains, Carthaginois de nouvelle création entraient en lutte avec toute l'ardeur de la jeunesse. Angèle, sous les noms de Camille, Scipion, Annibal, Paul-Emile, commandait assez ordinairement l'un des deux camps. A chaque nouvelle campagne, c'est-à-dire de quatre en quatre mois, à l'époque des examens, les chefs ne manquaient pas de haranguer leurs soldats. Quelques-uns de ces discours prononcés dans la chaleur du combat sont parvenus jusqu'à nous, car nos jeunes Césars eurent aussi leurs commentaires rédigés avec une exactitude, un sérieux comique qui ne laisse rien à désirer. Qu'il nous soit permis de reproduire ici l'une de ces harangues. C'est le chef des Romains (Angèle-Scipion) qui parle : « Nous voilà donc enfin arrivés, braves soldats, à ce grand jour où vous devez signaler votre valeur. Vous avez vu jusqu'ici la victoire se fixer sous vos étendards ; encore un généreux effort, et vous sortirez de ce nouveau combat couverts de gloire et le front ceint d'immortels lauriers. Romains ! montrez-vous dignes de ce nom. Vaincre ou mourir ! qu'aujourd'hui comme toujours ce soit votre devise. »

Les charges, les récompenses, tout dans l'imagination d'Angèle avait pris la forme et les attributions guerrières. Si le style c'est tout l'homme, suivant la pensée d'un grand écrivain, on jugera peut-être mieux cette enfant par quelqu'une des nombreuses compositions sorties de sa plume que par tout ce que nous pourrions en dire ; et d'ailleur cette esquisse de sa vie est destinée à ses parents, à ses compagnes, que l'abondance des détails en ce genre ne saurait lasser. Nous citerons donc ici d'Angèle le morceau tiré des commentaires de la seconde classe ayant pour titre : *Mœurs et coutumes des nouveaux Romains.*

Nous le renvoyons aux notes pour ne pas trop suspendre notre récit (1).

Nous pourrions au reste y joindre plus d'un autre sujet composé par Angèle avec plus d'habileté encore dans les hautes classes, comme dialogues, lettres, journal, traité de la littérature du

---

(1) MŒURS ET COUTUMES DES NOUVEAUX ROMAINS.

« Ce n'est pas connaître suffisamment un peuple, dit un
« auteur aussi correct que plein d'intérêt dans ses récits, que
« de savoir les guerres qu'il a soutenues, les conquêtes qu'il
« a faites, les révolutions qu'il a éprouvées, le gouvernement
« sous lequel il a vécu. Il faut de plus descendre dans le dé-
« tail de ses mœurs, de ses coutumes, de ses lois, de ses in-
« stitutions. » Nous réunirons donc ici, sous les yeux du lecteur, tout ce que les mœurs soit publiques, soit privées,
d'une nouvelle république romaine, élevée récemment au
sein de la plus heureuse des contrées, nous offriront de remarquable.

ORDRES DE L'ÉTAT.

Notre nouveau peuple ne connaît ni patriciens ni plé-
béiens; tous les citoyens, d'une origine noble et divine, sont
parfaitement égaux entre eux. L'unique distinction qu'ils
admettent est celle du mérite et de la vertu. Elle seule donne
droit à faire partie du sénat ou conseil suprême de la république. Que le lecteur ne s'étonne point de voir dans un
État uniquement composé de jeunes citoyens ce corps illus-
tre, la gloire de l'ancienne Rome, comparé par un barbare à

pensionnat. Mais les nombreuses lettres que nous aurons à citer d'elle, et qui nous ont fourni les matériaux les plus intéressants de cette notice suffiront pour la faire pléinement connaître.

Ce qu'il y avait de bien autrement digne d'admiration que les succès qu'obtenait Angèle, c'était

l'assemblée des dieux. Ici une sagesse prématurée, fruit d'une éducation appuyée sur d'autres bases que celle des Romains, vient suppléer à la faiblesse de l'âge.

Les *comices* de ce peuple vénérable se tiennent encore non au Champ-de-Mars, mais à la vaste salle d'armes Louis-de-Gonzague, où s'exercent, d'ailleurs, aussi aux évolutions militaires tous les citoyens en âge de porter les armes.

MAGISTRATURE.

La première de toutes les dignités militaires, la *dictature*, est chez nous perpétuelle, ce qui nous rapproche assez du gouvernement monarchique, estimé le meilleur de tous. Le magistrat suprême qui est revêtu de cette dignité, chéri et respecté des oiseaux-soldats, n'a point à craindre de leur part ces accusations injustes et cette odieuse ingratitude qui, souvent parmi nos ancêtres, a précipité les plus illustres citoyens du faîte de la grandeur à la dernière infortune.

Deux *consuls*, ou chefs nommés de quinze en quinze jours à la pluralité des voix, sont honorés du commandement de notre vaillante armée, toujours en campagne. Les Fabius et les Scipion, les Émile et les César ne firent pas une plus abondante moisson de lauriers durant le cours de leur brilla modestie franche et naturelle qui les rehaussait. On aurait à rappeler mille traits de ce genre, pleins de délicatesse ; nous nous contenterons de quelques-uns. Sa mère l'ayant un jour pressée de lire dans sa famille un devoir de sa composition, elle reçut des éloges justement mérités. « Que

lante carrière que les Blanche et les Ernestine, les Constance et les Franceline parmi nous durant la révolution d'une seule année scolaire.

La *censure*, dignité si redoutable au vice, existe aussi dans notre paisible État ; du haut de son éminente chaise curule, non garnie d'ivoire toutefois, une redoutable inspectrice impose les notes d'infamie qu'attire le manque d'aptitude des jeunes citoyens aux travaux ordonnés, ou l'excessive mobilité du membre organe de la parole.

Un *préteur* ou secrétaire est chargé d'administrer la justice, d'encourager les arts et les sciences, et de rémunérer leurs amateurs sur ses registres en une monnaie qui n'a point de cours dans les autres contrées, mais qui est le plus sûr titre aux récompenses militaires non moins enviées parmi nous que chez nos illustres ancêtres.

Des *édiles* (adjutrices) sont chargés de tout ce qui concerne l'ordre et la propreté du camp. Mais pour n'avoir point le droit de chaise curule ils ne le cèdent en rien aux édiles de la vieille Rome.

Le tribunat, né du sein des dissensions romaines, n'existe pas dans notre paisible État. Les petits et les faibles n'ont rien à craindre des grands et des puissants. Le dictateur est,

direz-vous donc de celui-ci? » reprit Angèle en faisant lecture d'un second travail sur le même sujet ; c'était celui de la compagne qui avait remporté sur elle la première place. Elle l'avait elle-même trouvé si bien fait qu'elle l'avait copié à la suite du sien.

d'ailleurs, toujours prêt à secourir l'opprimé et à rabattre l'injustice et la fierté de l'oppresseur.

DISTRIBUTION DU TEMPS.

La nouvelle année romaine commence le 1er octobre. Elle a trois grandes divisions marquées par les campagnes qui s'y terminent régulièrement et qui sont suivies des récompenses militaires. La première finit au 1er février, la seconde au 1er juin, la troisième au 1er septembre, où commencent les quartiers d'hiver passés en paix au foyer paternel.

Le premier et le quinzième jour de chaque mois rappellent les différents corps de la vaillante armée sous les yeux du général en chef et de son imposante suite. Là, chaque citoyen comparaît à son rang, et reçoit les éloges ou le blâme qui lui sont dus d'après la note apposée à son nom. Là encore se distribuent les croix d'honneur méritées sur le champ de bataille de l'application, du travail manuel, de la science, préludes et annonces des lauriers qui couronneront à la fin des campagnes le front des vainqueurs.

La journée compte seize heures, si artistement distribuées que le jeune et léger soldat ne reste jamais plus d'une heure et demie appliqué au même exercice, et trouve dans des

Une autre fois la tante d'une de ses compagnes, qui visitait la Maison, ayant rencontré Angèle, remarqua la médaille de composition dont elle était décorée et lui en fit compliment : « Ah ! madame, reprit Angèle, à qui l'à-propos ne manquait jamais, mademoiselle votre nièce porte des déco-

changements sans cesse variés le secret de ne jamais épuiser ses forces et d'échapper aux embuscades de l'ennui et de la mélancolie.

MONNAIES.

L'*as* ou sou romain est remplacé parmi nous par le point, le *sesterce* par la note, qui vaut six points, et le *denier d'argent* par la prime, qui vaut douze notes.

Le dictateur, chargé de distribuer le trésor de la république à ses soldats, voulant leur faire chérir la pauvreté, héritage précieux que leur ont transmis les beaux jours de l'ancienne Rome, ne dispense ses richesses qu'avec la plus grande réserve, et donne ainsi à ses jeunes guerriers un nouveau trait de ressemblance avec leurs illustres ancêtres.

GUERRES.

Parmi nous, comme chez les Romains, tous les citoyens sont soldats. La guerre est permanente ; les seules armes offensives et défensives sont l'application, le zèle et l'habileté. Les nombreuses et sévères lois de discipline établies chez nos ancêtres sont avantageusement remplacées par une seule, la plus douce de toutes, *celle de l'amour*. Nous chérissons nos chefs, nous en sommes également chéris ; un signe, un coup

rations d'un tout autre mérite ; vous voyez qu'elle a la médaille de diligence, qui ne se donne qu'à l'application soutenue, et celle de sagesse, qui surpasse toutes les autres. » — Ne sachant pas assez bien dessiner pour composer elle-même une corbeille de fleurs qui devait accompagner

d'œil de leur part, est un ordre aussitôt compris, aussitôt exécuté. Cependant comme les oiseaux-soldats sont de leur nature gens fort légers et assujettis encore aux faiblesses de l'humaine race, l'amour lui-même a jugé expédient, pour le plus grand bien des citoyens, d'infliger aux lâches et aux paresseux certaines peines propres à rappeler au devoir ; telles sont la proclamation, après trois notes d'infâmie ; les arrêts, la privation du ceinturon pour quelque grave délit, celle de l'uniforme militaire pour l'inconduite soutenue. Imposées par l'amour et reçues par l'amour, ces légères peines manquent rarement leur effet ; mais dans le cas où le délinquant s'y montrerait insensible et où il pourrait être dangereux à ses frères d'armes, l'intérêt commun obligerait à l'exclure à jamais de la république. L'armée est constamment divisée en deux camps émules de gloire ; ils ne composent qu'une même famille et ne font paraître aucun acharnement contre l'ennemi abattu. La victoire s'est-elle déclarée, une heure après le combat on voit se confondre vainqueurs et vaincus avec une cordialité qui ne permet pas à l'œil le plus attentif de les distinguer.

Les Romains, après la victoire, allaient rendre à leurs dieux insensibles de stériles actions de grâces des succès qu'ils n'avaient point reçus d'eux ; plus heureux que nos anun tableau abrégé de littérature qu'elle devait exposer à la fin de l'année, elle pria une enfant de douze ans qui avait pour le dessin un goût et un talent bien au-dessus de son âge de se charger de cette partie de son travail. Le jour de l'exposition arrivé, non-seulement Angèle donna

cêtres, le trône d'amour de Jésus, l'autel de Marie, par qui nous sont venus tous les biens, reçoivent nos paisibles lauriers, et nous rendent en échange des trésors et des couronnes que le temps ne saurait flétrir.

NOMS, VÊTEMENTS.

A l'imitation de leurs ancêtres, les nouveaux Romains portent plusieurs noms et surnoms que leur méritent leurs succès dans quelqu'une des sciences où ils excellent : ainsi sont devenus célèbres dans nos annales les noms de *Blanca*, Historia, Geographia, Mythologia ; de *Constancia*, Grammatica, Arithmetica ; d'*Hedwigæ*, Litteratura.

Plus soigneux de former leur esprit et leur cœur que de revêtir leur corps de vains ornements, qu'ils laissent aux efféminés, nos jeunes Romains se contentent d'un vêtement de laine, dont la forme simple et gracieuse est encore relevée par la diversité des larges colliers de moire auxquels sont suspendues les croix d'honneur gagnées dans les combats, et par les ceinturons de différentes couleurs qui distinguent le quartier du camp auquel appartient chaque soldat.

Le luxe et la mollesse qui s'introduisirent avec les conquêtes dans l'ancienne Rome furent les principales causes de sa décadence. Parmi nous, il faut l'espérer, l'amour de la

en présence de ses parents tout l'honneur du
tableau à l'enfant; mais ayant épié le moment
où la mère de celle-ci examinait cet ouvrage, et
s'étant aperçue que sa compagne, non moins
modeste qu'habile, gardait le plus scrupuleux
silence sur la part qu'elle y avait eue : « N'ad-

simplicité, le bon esprit ne s'affaibliront point, et les derniers
âges de la république ne le céderont en rien aux premiers.
Plaire à Dieu, à ses parents et à Sophie, voilà des motifs que
le temps ne saura changer et qui nous mèneront infaillible-
ment au champ de l'honneur.

Quittant enfin la fiction, retrouvez ici, chère maman, non
des Romains, mais des enfants qui préfèrent à tout autre
titre celui d'enfants de Sophie.

ANGÈLE.

Tout le reste des commentaires de ce paisible guerrier est
écrit sur le même ton, et l'allégorie ne s'y dément en rien.
On a vu que parmi ces Romains de nouvelle création on
avait érigé un sénat. C'est donc aux pères *conscrits* que
s'adressent les consuls dans l'opportunité pour proposer le
sujet des délibérations.

Le froid et les neiges ont-ils glacé le zèle des oiseaux-soldats, « ce sont leurs quartiers d'hiver qui leur ont fait perdre
l'habitude de vaincre. » — Les engelures, grand obstacle à
l'agilité des doigts et à la netteté des copies, sont désignées
par cette périphrase : « Les nombreuses et profondes blessures que traînent à leur suite les noirs frimas. » — Sur-
vient-il quelque indisposition imprévue à l'un de nos cham-

mirez-vous pas, madame, ce dessin, lui dit-elle
comme il est bien fait ? Et Laure ne vous dit pas
que c'est à elle que je le dois. » Angèle avait en
effet l'âme si élevée, le cœur si bien fait qu'elle
jouissait réellement, sentiment bien rare, il faut
l'avouer, des succès des autres comme s'ils lui
eussent été personnels ; on aimait à observer le
bonheur, la joie, qui se peignaient sur sa physionomie lorsque ses compagnes obtenaient quelque éloge, quelque décoration, fût-ce même à
son préjudice. Peut-être son âme si sensible
connut-elle quelquefois la jalousie d'affection,
mais celle d'amour-propre jamais, nous pouvons
l'affirmer.

Vers la fin de 1831 toutefois, cette année-là
même où Angèle avait contribué, de concert
avec quelques compagnes aussi heureusement

pions : « C'est un vétéran que jamais attaques périlleuses ni
dangereuses blessures n'ont pu éloigner du champ de bataille, mais qui, assailli par un ennemi contre lequel la valeur demeure impuissante, demande au dictateur un congé
de quelques jours. »

Signé : A. S. C.,
Porte-enseigne de l'armée des braves.

douées qu'elle, à rendre les études si intéres-
santes dans la seconde classe, elle s'était en
même temps montrée d'une insubordination telle
que sa conduite n'était plus tolérable. Par moments ce n'était pas seulement de la résistance,
mais une révolte ouverte. Lui avait-on fait quelque représentation, elle criait à l'injustice. Au
surplus, *que Dieu voie et qu'il juge,* ajoutait-
elle pour conclusion définitive. La plupart des
maîtresses qui avaient eu à se plaindre d'elle,
celles-là précisément auxquelles dans la suite
elle se montra plus attachée, avaient reçu de
notre pauvre Angèle des qualifications peu gra-
cieuses. Il fallait prendre un parti, et l'on son-
gea un instant à l'expulsion. Angèle avait cependant tant de qualités, de si bons moments, qu'on
ne pouvait se décider à prendre une mesure si
rigoureuse. La supérieure, toujours pleinement
soutenue par les parents, réprimandait, punis-
sait, patientait : elle n'eut pas à s'en repentir, et
bientôt cette enfant dont on avait cru devoir
désespérer devint le modèle et l'âme du pensionnat.

Les principes reçus dans l'enfance croissent

2.

en quelque sorte avec l'âme, et s'unissent à elle.
Qui ne l'a expérimenté? Pour le bonheur de cette
chère enfant, la vie de la foi avait été le premier
et le continuel enseignement qu'on s'était ef-
forcé de lui inculquer avant même qu'elle jouît
de la plénitude de sa raison. Aussi au milieu de
la crise violente à travers laquelle Angèle avait
passé, cette foi, loin de s'affaiblir dans son cœur,
s'y était-elle enracinée. C'était la digue contre laquelle étaient toujours venues se briser ses passions naissantes. Quelquefois elle aurait souhaité
qu'il lui fût possible de renverser cette digue,
et il lui était échappé de dire : «Oh! si je pouvais
donc n'avoir pas de foi!» Puis aussitôt elle ajoutait : «Que la religion est donc puissante! lorsque je l'appelle à mon aide, c'es alors, oh! oui,
et alors seulement que je redeviens heureuse.»

Dès le commencement de 1832, Angèle, écou-
tant enfin la voix de la grâce, avait changé à son
avantage d'une manière si remarquable qu'on
n'avait pas hésité à la recevoir dans la Congrégation des Saints-Anges. «Vous rendre combien
je suis heureuse serait impossible, écrivait-elle
à une de ses amies alors dans sa famille; le

croiriez-vous, Henriette, on m'a reçue congréganiste des Saints-Anges, et les mères, toujours si indulgentes, trouvent que je suis beaucoup mieux. Je vous l'avouerai, j'ai honte de ma conduite passée, et je serais presque un monstre si je ne m'efforçais de la faire oublier à mes mères après tout ce qu'elles ont fait pour moi, tout ce qu'elles m'ont pardonné. Aussi je sens tous les jours mon attachement pour elles s'augmenter, et je ne sais comment je ferai pour me résoudre à les quitter. »

Le choléra exerçait alors ses ravages dans Paris; Angèle sut entretenir le courage et la sécurité parmi ses compagnes durant cette triste épreuve. « Le choléra est le fléau de Dieu, écrivait-elle, et Dieu est mon père; pourquoi serais-je effrayée? Je le prie de retenir son bras, mais je sais aussi qu'il ne châtie que pour sauver. » Au reste, Dieu bénit visiblement cette confiance que toutes les élèves partageaient avec Angèle. Non-seulement aucune d'elles ne fut enlevée par l'épidémie, mais, pour la première fois depuis de longues années, l'infirmerie se trouva vide de pensionnaires au printemps. La communauté paya pour elles, comme elle l'avait instamment demandé, et, en moins de huit jours, quatre de ses membres furent appelés à Dieu. — Angèle, dont le cœur était si élevé, sut deviner ce dévouement et le reconnaître. « Nous sommes épargnées, disait-elle, mais nous savons à qui nous le devons, et pourrons-nous jamais l'oublier? Si la contagion qui a choisi ses victimes dans tant d'autres maisons n'est pas venue jusqu'à nous, c'est que nous avions des mères qui l'appelaient sur elles pour nous en préserver. Vous êtes au sein de votre famille, Henriette, moi aussi je suis dans la mienne à la Congrégation; elle ne fait qu'un avec celle que j'ai à M***. Vous connaissez mon attachement pour les Oiseaux, il vous paraissait excessif; eh bien! chère amie, je vous dirai qu'il est encore augmenté; vous le comprendrez, et je ne crois pas que mes parents eux-mêmes en puissent-être étonnés ou jaloux, puisque c'est ici qu'on m'a appris à les aimer et à me rendre digne d'eux. »

A la fin d'août, Mme de *** rappela sa fille auprès d'elle pour quelque temps. Les deux mois que passa Angèle au sein de sa famille, loin d'affaiblir ses bonnes dispositions, ne firent que les consolider. On en pourra juger par les conseils qu'elle ne donnait aux autres qu'après les avoir mis en pratique, et par la défiance salutaire qu'elle opposait au plaisir si légitime et si doux de se retrouver en famille et de pouvoir jouir un peu de cette liberté qu'elle avait tant de peine à sacrifier au pensionnat. « Quel changement, ma chère Henriette, je ne suis plus à la volière! j'en suis sortie si précipitamment, qu'une demi-heure avant j'ignorais ces vacances prématurées. J'y reviendrai, c'est ma consolation ; mais vous comprenez que de larmes m'a arrachées un si brusque départ ; quitter des mères et des compagnes que j'aime tant, qui m'ont donné des preuves d'un si sincère attachement, quitter surtout l'espérance d'être bientôt reçue aspirante des enfants de Marie ou du moins la remettre à une époque fort éloignée, quelle peine ! Mais aussi il y a grande et douce compensation, et avec quel bonheur j'ai retrouvé mes parents, fait de nouveau connaissance avec les lieux et les gens ! Et cependant je ne puis jouir entièrement ; je me crains, car vous savez combien peu de chose il me faut pour me faire oublier mes meilleures résolutions. Je tends de toutes mes forces à devenir enfant de Marie, et je ne veux pas laisser ralentir ce désir si vif. Si nous nous ressemblons, oh ! comme vous devez aimer la sainte Vierge ! Et le sacré Cœur de Jésus, j'y ai aussi une grande dévotion ; je pense que vous êtes comme moi de l'association de Rome et que vous êtes fidèle aux courtes prières prescrites. Surtout, chère amie, et je me le dis avant de vous le rappeler, recours fréquent aux sacrements, c'est là que Marie et le sacré Cœur de Jésus se plaisent à répandre sur nous toutes les grâces. Tâchez de vous faire dans le monde des habitudes de piété qui durent toute la vie : on ne saurait commencer trop tôt, et je me repens bien d'avoir perdu tant de temps : tous les jours j'apprécie davantage le bonheur d'une éducation chrétienne ; sans cette grâce que serais-je devenue avec les penchants que vous me connaissez ! Adieu, Henriette ; à Dieu, à Marie, tout à vous dans leur amour.

« Votre amie,

« ANGÈLE,
« Enfant des Saints-Anges. »

A son retour Angèle se mit en devoir de mériter ce précieux titre d'enfant de Marie : elle le
désirait si ardemment que ses lettres, ses conversations, ses études, tout semblait la ramener
à cette pensée : « J'invoque Marie tous les jours,
écrivait-elle ; je lui fais en ce moment une neuvaine ; j'ai communié le jour de la naissance de
cette bonne mère, et je sollicite pour unique
grâce celle de devenir son enfant. Vous me demandez dans toutes vos lettres si j'ai enfin le cordon d'honneur ; je vous en prie, renoncez à cet
espoir ; quant à moi, tous mes soins, tous mes
efforts ont pour objet le beau titre d'enfant de
Marie, et pour y parvenir je compte sur le cœur
de la sainte Vierge. » « Si vous me chassez maintenant par la porte, je rentrerai par la fenêtre,
disait-elle quelquefois ; car mon parti est bien
pris, je ne sortirai pas d'ici sans être enfant de
Marie. » A ces désirs ardents, aux prières ferventes par lesquelles Angèle prétendait emporter
de vive force cette grâce qu'elle savait si bien
apprécier, elle avait soin de joindre les œuvres.
Non contente de donner l'exemple de la régula-
rité et de la piété, elle eût voulu entraîner toutes

2..

ses compagnes après elle. Nulle ne savait comme elle les exhorter, les calmer dans leurs mauvais moments : elle était si généralement aimée et savait si bien se faire toute à tous que jamais ses observations n'étaient mal reçues. Et puis elle pouvait dire : Ce que vous êtes je l'ai été, et pis encore. Angèle eut bientôt mérité de ses compagnes le surnom de missionnaire, et elle en remplissait bien auprès d'elles toutes les fonctions. La supérieure fut plus d'une fois touchée de sa reddition de compte sur les petites industries qu'elle employait dans ses exercices de zèle. Elle savait plus habilement que personne saisir les temps et les moments favorables pour s'insinuer dans les cœurs, profiter de toutes les petites disgrâces et des peines réelles de ses compagnes pour les porter à de salutaires réflexions, et joignait enfin de ferventes prières à ses exhortations. Aux approches du premier de l'an, Angèle, ayant épuisé toutes les ressources du zèle auprès d'une élève assez connue pour son esprit mondain, et n'ayant pu en obtenir la promesse qu'elle n'irait pas au spectacle pendant les trois jours de sortie que nous accordons à cette époque, se rendait tout affligée à la chapelle. Deux compagnes, ses émules de zèle, qui en sortaient, l'interrogent sur cet air de tristesse qui ne lui était pas habituel, et qui de plus n'était pas de saison à la veille du premier jour de l'an. « Comment pourrais-je être gaie, répondit Angèle, puisque je suis certaine qu'il y en aura une dans le pensionnat qui fera un péché grave et délibéré pendant ces trois jours de sortie. N*** veut absolument aller au spectacle. — Non, elle n'ira pas, répondent-elles ; adressons-nous à la sainte Vierge, et elle lui en ôtera le désir et la volonté. » Là-dessus elles rentrent ensemble à la chapelle, et prient leur bonne mère avec toute la ferveur de leur cœur. Les jours de sortie passés, Angèle n'a rien de plus pressé que de s'informer si leurs instances auprès de Marie ont réussi. « Eh bien, N***, avez-vous été au spectacle ? — Vous serez bien étonnée, dit celle-ci, quand je vous dirai que non : on me l'a offert, et j'ai refusé. — Oh ! cela ne me surprend pas, reprend Angèle triomphante, la sainte Vierge peut tout. » Et elle va annoncer à ses compagnes l'heureuse nouvelle.

Ce n'était pas seulement auprès des élèves que s'exerçait le zèle d'Angèle ; persuadée de la toute-puissance du nom et de l'invocation de Marie, elle eût voulu ramener à Dieu par son moyen tous ceux qui en étaient éloignés. Elle fut de moitié dans tous les pieux stratagèmes d'Alexandrine Le Féron, cette vertueuse élève qui la précéda dans la gloire, pour ramener à la vraie foi la maîtresse d'anglais dont elle prenait aussi les leçons, et elle se réjouit d'autant plus de son retour qu'elle n'avait épargné ni prières ni sacrifices pour l'obtenir de Dieu.

Au mois de mars de cette même année, Angèle, qui avait été reçue aspirante des enfants de Marie, sollicita la permission de faire une retraite particulière : cette faveur n'est accordée qu'à celles des élèves qui par leur âge et par le développement de leur esprit et de leur foi sont en état d'en retirer des fruits solides. A ces titres on ne pouvait se refuser aux instances de cette chère enfant. La lettre suivante, adressée de sa solitude aux enfants de Marie, fera juger de la manière dont Angèle sut profiter de ces saints exercices.

« Chères compagnes,

« J'éprouve le besoin de causer avec vous, de vous confier ce qui se passe dans mon cœur : je sais à qui je m'adresse ; ainsi je ne crains rien, car vous me portez une affection de sœurs, et vous m'en avez donné assez de preuves. Oh ! que l'on apprend bien à ouvrir les yeux dans la retraite, quand la légèreté, la dissipation, ne nous aveuglent plus. Maintenant je commence à me connaître ; et quand je pense qu'il y a peu de temps encore je sollicitais l'entrée de votre Congrégation, je ne puis assez bénir le bon Dieu et la sainte Vierge, qui ne vous ont pas permis de faire un choix si indigne ; je ne voyais pas encore qu'il n'y avait rien en moi de *solide*, que le bien apparent ne venait que de l'orgueil. Je veux donc aujourd'hui, chères compagnes, que vous bénissiez Marie avec moi, que vous lui demandiez pour moi la grâce d'agir conformément aux lumières dont Dieu a bien voulu me favoriser. Je veux que vous me promettiez toutes de m'aider à devenir bientôt une digne enfant de Marie. Si je ne consultais que mes mérites, je ne deman-

derais pas de longtemps cette faveur ; mais Dieu
m'a fait tant de grâces que je dois avancer beaucoup en peu de temps si je suis fidèle. Vous pouvez me seconder, chères compagnes, je compte
sur votre charité. Ah ! sans doute je ne l'ai pas
méritée ! Tant de fois mon insupportable orgueil
m'a empêchée de prendre en bonne part vos
charitables avertissements ; pardonnez-moi, alors
j'étais *aveugle*. Je vous en supplie au nom de
Marie, votre tendre mère, promettez-moi *toutes,
toutes*, de ne pas m'épargner, de m'aider à dé-
truire ma légèreté. Dieu m'en a fait triompher,
ce me semble, pendant cette retraite : je suis résolue de continuer à la combattre ; mais j'ai besoin de fréquents avertissements ; il faut que l'on
me rappelle souvent mes bonnes résolutions. Je
compte sur vous, chères compagnes, ou plutôt
sur l'amour que vous portez à votre bonne
mère. Souvenez-vous que je veux être aussi
son enfant ; et encore une fois ne m'épargnez
pas. »

Cette retraite fut réellement, pour Angèle,
l'époque d'un changement décisif ; le mois de
Marie vint ensuite consolider ses bonnes résolu-

tions. Une de ses lettres nous apprendra encore comment elle le passa.

« Voici le mois consacré à notre bonne mère ; je vous en prie, Henriette, redoublons de zèle et d'ardeur ; rivalisons ensemble à qui lui donnera plus de preuves d'amour. Pour moi, je compte d'abord entendre tous les jours la messe en son honneur ; faire mes prières et mon oraison de mon mieux ; m'imposer quelques petits sacrifices ; à toutes les heures renouveler l'expression de mon amour pour Marie, lui offrir toutes mes actions. De plus je veux me mettre en état d'obtenir la communion tous les samedis en l'honneur de ma bonne mère. Ce que je prétends obtenir d'elle, c'est une seule grâce qui vous étonnera, mais qui les renferme toutes : une solide et tendre dévotion au sacré Cœur. Demandez-la aussi : vous vous en trouverez bien. J'ai un motif de plus que vous pour redoubler de ferveur ; c'est dans ce mois que j'espère avoir le bonheur d'être reçue enfant de Marie : priez avec moi et pour moi afin que je m'en rende digne. »

Le vingt-septième jour de ce mois de bénédiction, que toutes ses compagnes furent édifiées de lui voir passer ainsi qu'elle se l'était proposé, Angèle reçut enfin la seule récompense qu'elle ambitionnât, ce beau titre d'enfant de Marie qui lui fut toujours si cher. « La veille de sa réception, elle traçait ces lignes sur le livre où elle consignait ses pieux souvenirs, livre précieux qui nous fournira plus d'une citation : « Je vais être enfant de Marie, dire ce que je sens serait difficile ; moi, devenir l'enfant d'une telle mère ! Il est vrai, j'ai toujours aimé Marie, mais me devait-elle une pareille grâce ! mettre mon salut en assurance, quelle miséricorde ! Et après cela, je pourrais encore l'abandonner ! Si elle m'accorde une telle faveur, je le vois, je le sais, c'est pour récompenser quelques légers efforts, quelle récompense ! combien digne de Marie ! Mais dans l'attente d'un si beau jour, je me sens encore inquiète ; que vais-je faire au milieu d'une troupe d'anges, moi qui ne possède pas la moitié des vertus de la plus indigne d'entre elles ? Marie, regardez du haut du ciel votre pauvre enfant, soutenez-la. Non, non, qui vous aime ne saurait périr. » — Elle ajoutait quelque temps après : « Je ne suis pas enfant de Marie si je crains quelque chose en ce monde. Il faut que j'y songe sans cesse maintenant. Je suis enfant de Marie, et l'on juge de la mère par les enfants. Oui, Marie est ma mère, c'est elle qui m'a amenée dans sa maison, c'est elle qui dès mon enfance m'inspira de l'amour pour elle. Oserais-je manquer de confiance en une telle mère ? En quelque situation que je me trouve, j'irai me jeter à ses pieds ; toujours je la prierai de me faire la grâce de l'aimer et elle m'exaucera.

Voici comment elle annonçait son entrée dans la Congrégation à la confidente des secrets de sa piété : « Il y a un an, chère Henriette, lorsque nous nous sommes quittées, je n'étais pas encore congréganiste des Saints-Anges ; maintenant, grâce à l'indulgence de mes mères et de mes compagnes, me voilà enfin enfant de Marie ; si vous saviez, Henriette, combien je suis heureuse ! Depuis si longtemps j'aspirais au bonheur d'appartenir à Marie d'une manière toute particulière ; mais ce but tant désiré semblait se refuser à mes vœux. Enfin, le 27, j'ai été admise dans ce troupeau chéri, et je ne puis vous exprimer quel a été mon bonheur. Si vous pouviez revenir pour solliciter ce beau titre ; je vous assure que quant à moi j'aurais fait le tour de la terre pour l'obtenir.

« Votre amie,

« ANGÈLE,

« Enfin Enfant de Marie. »

La distribution des cordons et des prix qui se donnent tous les quatre mois ayant eu lieu le dernier jour de mai, Angèle eut encore la joie de se voir décorée de ce ruban d'honneur, d'autant mieux mérité qu'il était emporté, on peut le dire, à la pointe de l'épée, et que le désir d'appartenir à Marie avait été le seul but des efforts de cette chère enfant. Nulle part on ne se peint mieux que dans des lettres écrites avec l'abandon de la conversation ; il nous sera donc permis de citer plus d'une fois encore celles d'Angèle, dont heureusement nous avons un assez bon nombre. Voici comme elle annonçait ses derniers succès à sa mère :

« Chère maman,

« Vous vous plaigniez de mon long silence, et je me condamnerais aussi si je n'avais de bonnes raisons à vous alléguer. Les examens, les prix

m'ont longtemps occupée : comme on vous l'a dû
dire, j'ai eu le bonheur d'obtenir le cordon d'honneur : ma joie a été grande, surtout en pensant
à vous et à ma grand-mère. Mes compagnes m'ont
donné en cette occasion des témoignages d'amitié
que je ne pourrai oublier de ma vie ; mes sœurs
m'ont aussi montré combien elles m'aiment, et
moi je me demande en quoi j'ai pu le mériter. A
la vérité, si les vertus d'une mère pouvaient entrer en compte à sa fille, je n'aurais point à m'é-
tonner. La joie de maman Sophie et de toutes
mes bonnes sœurs a été, je vous assure, bien
grande ; elles pensaient au plaisir que vous cau-
serait cette nouvelle.

« Mes compositions des quatre mois ont été
bien aussi ; j'ai été première de toutes, excepté
d'arithmétique, où par extraordinaire j'ai obtenu
la place de seconde, ce qui m'a fait d'autant plus
de plaisir que ce n'est qu'à force d'application
que j'y suis parvenue. Je fais tous mes efforts
pour reconnaître l'indulgence de mes mères ; la
seule peine que j'éprouve est de ne pouvoir assez
m'acquitter, et de me voir dans l'impossibilité de
leur donner autant de satisfaction que je leur ai

causé de peine : je m'en dédommagerai quand je serai près de vous, chère maman ; je veux faire honneur à mon couvent, et prouver que les soins dont j'ai été l'objet n'ont pas été perdus. »

Nous verrons plus tard combien elle sut tenir parole. Cet ardent désir d'être comptée parmi les enfants de Marie, qui avait rendu Angèle si ingénieuse à honorer la sainte Vierge pendant le mois consacré à cette bonne mère, fut encore la source de l'établissement *du mois du Sacré-Cœur :* rien n'est plus simple que la manière dont s'improvisa ce nouveau mode d'honorer la mère par le fils ; car telle fut l'intention d'Angèle.

Au commencement de mai, époque à laquelle sa pieuse ambition n'était pas satisfaite, Angèle s'entretenait avec l'une de ses mères des moyens à employer pour toucher le cœur de la sainte Vierge en sa faveur. « Suggérez-moi donc, lui dit-elle en terminant, tout ce qu'il est possible d'inventer et de faire pendant le mois de Marie, et je l'exécuterai pour obtenir mon entrée dans la Congrégation. — Il me semble, répond la mère ***, qu'un des meilleurs moyens de plaire au cœur de Marie est d'honorer celui de Jésus ; le priez-vous tous les jours ? — Oui, ma mère ; il y a déjà longtemps que, d'après le conseil de la mère ***, je ne passe aucun jour sans répéter l'acte de consécration qui se trouve dans nos cantiques. C'est, je crois, ce qui a contribué à m'inspirer un peu d'amour pour le sacré Cœur et de zèle pour le faireconnaître aux autres. Je ne sais même pas trop pourquoi avec la grâce d'être enfant de Marie je n'ai pas demandé autre chose à la sainte Vierge pendant ce mois qu'une grande dévotion au sacré Cœur. Au fait, ce matin, dans mon action de grâces après la sainte communion, je me suis demandé pourquoi il n'y aurait pas un *mois du sacré Cœur*, comme il y a un mois de Marie. Rien ne s'y oppose, ce me semble ; mais il faut un livre, et il n'existe pas : il faudrait proposer cet acte de dévotion au pensionnat et aviser aux moyens sûrs de le faire agréer. » Après avoir bien débattu ces deux points, Angèle, qui n'avait pas encore le cordon d'honneur, fut d'avis de laisser au premier médaillon de sagesse le soin de faire les avances auprès de ses compagnes. « De cette façon, ajoutait-elle, cette proposition aura plus de poids, et personne ne saura de qui vient cette idée, si ce n'est le bon Dieu et la sainte Vierge, à qui je désire uniquement plaire. » Restait à trouver pour chaque jour un sujet de lecture, une consécration au sacré Cœur, une pratique et une oraison jaculatoire pour que ce mois fût en quelque sorte calqué sur le mois de Marie. Pour cela il ne s'agissait que de piller provisoirement dans les meilleurs auteurs qui ont traité de cette dévotion. Chaque jour du mois de Marie reçut donc l'hommage de l'un des jours du mois du sacré Cœur.

Mais pour introduire ce nouveau mode d'honorer le Cœur de Jésus il fallait une autorisation, et le temps pressait; car Angèle voulait que ce nouveau mois fût commencé à l'issue du mois de Marie. Toute permission lui est donnée de faire elle-même ses propositions à Mgr de Quélen, qui devait venir le 20 mai; « car, ajoutait la supérieure, à qui elle s'était adressée, l'entreprise est toute vôtre, et je vous la laisserai conduire seule. » Cet arrangement ne plaisait qu'à demi à notre petit apôtre du sacré Cœur, qui eût bien voulu se voir appuyé dans ses démarches par quelques voix respectables; mais il prit bravement son parti : le sacré Cœur, la sainte Vierge l'aideraient, et puis Monseigneur était si bon.

Le 29 mai arriva enfin. Monseigneur vint célébrer le saint sacrifice à la chapelle des enfants de Marie ; dans la matinée, il voit toute la famille. Angèle cependant s'occupait de son grave projet, épiant le moment favorable. Encouragée par un signe de la supérieure, elle s'avance, et expose le sujet de sa requête. Elle fut accueillie au delà de ses espérances ; non-seulement Monseigneur ne se fit point prier, mais il autorisa le nouveau mois avec cette grâce, avec ces expressions bienveillantes qui tombaient si naturellement de sa bouche. « Nous le ferons, ajouta-t-il, pour la conversion des pécheurs et *pour le salut de la France.* » Je laisse à juger combien cette intention devait ajouter à la ferveur. Monseigneur, non content d'approuver l'idée du mois du sacré Cœur, voulut encore lui-même en régler les pratiques. « Afin, dit-il, de ne pas faire d'innovation, nous suivrons la coutume déjà établie d'honorer par trente-trois jours de prières les trente-trois années de la vie de Notre-Seigneur. Il y aura un numéro assigné à chacun de ces jours, dont le premier sera cette année le 11 juin, afin que le dernier tombe le second dimanche de juillet, désigné dans le diocèse pour célébrer la fête du sacré Cœur de Jésus, à laquelle ces exercices serviront de préparation. Chaque numéro sera assigné par le sort aux religieuses et aux élèves de la maison, et même aux personnes du dehors qui désireront honorer ainsi le sacré Cœur. Chacune s'efforcera surtout de remplir le jour qui lui sera échu par toutes sortes de bonnes œuvres, communion, prières, mortifications, actes de vertu, etc. Enfin, ajouta Monseigneur en terminant, tous les vendredis de ce mois, je vous permets le Salut du Saint-Sacrement, et tenons-nous en là pour cette année ; car plus tard qui sait ? »

Angèle était au comble de la joie ; son ambition ne s'était pas portée si haut, et ces derniers mots : « plus tard qui sait ? » sortis de la bouche d'un saint, lui donnèrent l'espoir, ainsi qu'elle le disait, qu'un jour ce nouveau mois du sacré Cœur pourrait être célébré avec autant de ferveur et de publicité que le mois de Marie.

Cette œuvre de zèle étant exclusivement l'ouvrage de cette vertueuse enfant, qui se chargea presque seule de l'organiser, nous ne croyons pas qu'il soit hors de propos de raconter ici son établissement dans le pensionnat. Le 11 juin arrivé, les élèves, qu'Angèle n'avait pas eu de peine à faire entrer dans ses vues, commencèrent donc solennellement ce mois de leur choix. A l'issue de la messe se faisait chaque jour l'acte de consécration au sacré Cœur, suivi de la lecture de quelqu'un des passages recueillis sur cette dévotion ; on terminait par le chant du *Cor Jesu*, qui remplaçait aussi le *Monstra te* au commencement des principaux exercices de la journée. Durant tout le mois, un cantique à l'honneur du Cœur de Jésus, chanté au commencement de la messe, venait rappeler les hommages qu'on se proposait de lui rendre. Dès la veille, la maîtresse du pensionnat s'était occupée de placer dans chaque classe, au-dessus du petit autel consacré à Marie, l'image en relief du sacré Cœur de Jésus couronné d'épines et surmonté d'une croix. Autour se lisait cette devise : *Gloire et amour aux sacrés Cœurs !* Cette exposition nouvelle, quoique fort simple, rappela souvent à plus d'une enfant ses bonnes résolutions. Angèle,

au reste, ne les leur laissait pas oublier. L'élève,
alors décorée du premier médaillon de sagesse,
avait consenti de grand cœur à seconder cette
chère enfant, mais avait exigé qu'elle se chargeât
des exhortations au pensionnat. Ce n'était pas
une difficulté pour Angèle, habituée dès longtemps, ainsi qu'on l'a vu, à un apostolat d'un tout
autre genre. Tous les vendredis, pendant le déjeuner et plus souvent si besoin était, notre prédicateur montait au réfectoire dans la chaire de
la lectrice, et de là faisait entendre ses homélies,
plus attentivement écoutées et mieux accueillies
peut-être que les discours de bien des orateurs.

Il faut dire aussi qu'Angèle prêchait par l'exemple, de toutes les leçons la plus efficace ; aussi le
zèle avec lequel chacune se portait à remplir la
fonction de réparatrice, au jour qui lui était indi-
qué par le sort, était-il vraiment édifiant. Il avai
été statué par notre petit missionnaire que toutes
celles à qui était échu le même numéro se réuni-
raient la veille : là, on convenait des pratiques
particulières qu'on ajouterait à celles qui étaient
communes à toute la maison. Au jour assigné,
on s'efforçait de s'entretenir dans un esprit de

recueillement et d'adoration perpétuelle au milieu même des études et des jeux ordinaires. Les
plus jeunes, privées du bonheur de s'approcher
de la sainte table, y suppléaient autant que possible par la communion spirituelle.

Ce beau mois, célébré avec tant de ferveur, se
termina cette année le 15 juillet ; toute la maison
se rendit à la chapelle des Enfants de Marie pour
la clôture. On ne pouvait mieux faire que d'honorer Jésus par Marie, et l'on voulait ne pas oublier que c'était à la sainte Vierge qu'était due
l'idée de ce mois. Là, après la consécration au
sacré Cœur, on brûla avec l'encens au pied de
l'autel les billets qui contenaient le nombre
d'actes de vertus pratiqués chaque jour par la
petite famille. Le chant d'un cantique au sacré
Cœur accompagna ce pieux holocauste, dont la
simplicité dut plaire à la meilleure des mères.

Telle fut l'origine de cette pratique de dévotion. Nous sommes heureuses de pouvoir en
rendre, après Dieu, tout l'honneur à cette chère
Angèle, dont heureusement nous n'avions pas
désespéré même dans ses plus mauvais moments.
Sa vertueuse mère, au comble de ses vœux,

3.

voulut nous la laisser un an encore, bien qu'elle eût dès lors terminé toutes ses classes avec des succès constants, pour nous dédommager, disait-elle, du temps pénible où Angèle nous avait donné tant d'inquiétudes.

Cette année de grâce, où elle redoubla le cours supérieur, fut peut-être une des plus fructueuses pour Angèle. Elle s'affermit dans les principes de foi déjà enracinés dans son âme, prit le goût des lectures et des études sérieuses, et sut se prémunir contre les écueils que rencontre toujours dans le monde une jeune personne quelque chrétienne que soit sa famille. Aussi conseillait-elle à ses compagnes de faire leur possible pour arriver à cette classe, dont elle-même avait si bien profité.

Angèle sut encore utiliser les derniers temps de son séjour parmi nous pour le bien de ses compagnes : le zèle était le besoin de son cœur, et elle savait faire naître si naturellement les occasions de l'exercer qu'on se laissait prendre à ses insinuations avant d'avoir eu le temps de s'en méfier. On pouvait se reposer entièrement sur elle, et son ascendant était tel qu'un mot de sa bouche avait plus de pouvoir sur ses compagnes que cent exhortations.

En s'efforçant d'attirer les autres à Dieu, Angèle ne se négligeait pas elle-même : un seul fait le prouvera. L'une de ses mères, en qui elle avait grande confiance, l'engageait un jour à modérer cette vivacité qui faisait le fond de son caractère : « Eh bien, ma mère, il m'échappe sans doute encore beaucoup de fautes qui sont la conséquence de ce défaut inné chez moi ; mais je crois pouvoir vous assurer que je ne fais pas une des principales actions de la journée sans essayer au moins de modérer cette impétuosité qui m'entraînerait bien au delà des bornes si je n'avais pris ce moyen de l'affaiblir. » Pour en venir là, avec le caractère d'Angèle, il lui avait fallu cette foi, cette constance de volonté et d'efforts qui font les saints.

Au mois d'avril de cette année, 1834, Angèle se ressouvint de cette retraite qui lui avait ouvert les portes de la Congrégation de la sainte Vierge, et voulut en faire une encore pour se préparer à rentrer dans le monde ; la lettre qu'elle écrivit alors à la meilleure de ses amies fait si bien connaître cette enfant que nous ne pouvons résister au plaisir de la citer presque entière.

« Il faut donc renoncer au plaisir de nous revoir, chère Henriette ; *Dieu le veut ainsi*, c'est là mon unique consolation ; mais le sacrifice est grand : vous savez si je vous aime, et c'est pour vous le redire qu'on m'a permis d'interrompre ma solitude, car je suis en retraite. Oh ! la bonne invention que celle des retraites ; qu'on y est heureux ! et ce qui cause le bonheur, c'est que là, dans le calme et dans le silence des passions, on acquiert une connaissance claire de ses devoirs, on apprend à se détacher du péché, à aimer le bien pour le pratiquer dans la suite. Ah ! chère amie, que l'on voit les choses d'un autre œil ! de quelle façon inexplicable on sent, on touche au doigt ces vérités : *L'homme a été créé à cette unique fin, de connaître, aimer et servir Dieu. Que lui sert de gagner l'univers s'il perd son âme ?* Oui, je le dis, et j'en suis persuadée, il est impossible de faire une retraite, avec un vif désir d'en profiter et d'instantes prières pour en obtenir la grâce sans en sortir complétement changé. Qu'ils sont heureux de ce bonheur que le monde ne saurait comprendre ni donner, ceux à qui Dieu inspire la pensée de se livrer à ces saints exercices ! C'est un spectacle que nous avons fréquemment sous les yeux ; et je ne saurais vous dire combien nous sommes édifiées de voir des personnes du monde se dérober au tumulte des affaires pour venir passer quelques jours dans la solitude. En ce moment il y a ici une dame qui est venue à ce seul dessein du fond de la Suisse. Plusieurs de nos anciennes compagnes profitent aussi de ce moyen puissant de salut, qu'elles ont su apprécier. Oh ! si l'on pouvait savoir les vives lumières qui éclairent l'esprit, les grâces abondantes qui remplissent le cœur dans la retraite ; je le crois, pour peu que l'on fût chrétien on voudrait en faire l'expérience. Certes, j'aime à entendre la parole de Dieu ; mais quelle différence entre ces méditations qu'accompagne toute une journée de recueillement, et les meilleurs sermons après lesquels on est obligé de rentrer dans le tourbillon des occupations ordinaires ! Quant à moi, je voudrais que tous ceux que j'aime vinssent à cette école, où sans bruit de paroles Notre-Seigneur instruit si éloquemment, si efficacement. Tant de gens se perdent faute d'avoir connu leurs devoirs, réfléchi sur le moyen de les accomplir. Quels regrets un jour de n'avoir pas usé de ce moyen de salut offert à tous ! Combien frivoles sembleront les motifs, les prétendues nécessités qui auront empêché d'y recourir ! Je ne puis vous parler aujourd'hui d'autre sujet, c'est que mon cœur est plein de celui-là. Vous me connaissez, Henriette, je ne suis pas aussi bonne que je le désirerais ; mais c'est à une retraite que je dois le bonheur d'être enfant de Marie. Avant, je marchais sans avancer, je m'égarais faute de connaître les vues de foi qui devaient régler ma conduite. Adieu, mon Henriette ; que je voudrais pouvoir vous nommer ma sœur ; il est si doux d'appartenir à Marie ! faites-en donc l'expérience. Adieu encore, je vous aime ; aimons Marie, aimons le Cœur de Jésus ! Rappelez-vous que nous allons être dans le mois de notre Mère ; appliquons-nous à faire *tout pour lui plaire.*

« ANGÈLE,

« Enfant de Marie. »

On pourra juger des progrès qu'avait faits Angèle dans la vertu depuis sa dernière retraite, par les lignes suivantes tracées pendant celle de 1834. L'une des promesses de Notre-Seigneur, aux âmes qui embrassent la dévotion au sacré Cœur est celle-ci : « Arriver en peu de temps et d'une manière fort aisée à la plus haute perfection. » — On sent, aux inspirations d'Angèle, qu'elle a commencé à recueillir l'effet de cette encourageante promesse. Ce ne sont plus des résolutions, c'est une vue unique : Jésus-Christ, son divin Cœur, dont elle a fait son modèle ; c'est l'accomplissement de cette devise souvent répétée dans ses écrits : *La simplicité est un regard habituel vers Dieu seul dans l'entier oubli de soi-même.*

Elle commence par ce généreux élan de l'apôtre des nations qu'elle s'approprie :

La charité de Jésus-Christ nous presse de ne plus vivre pour nous, mais pour celui qui nous a aimés.

Puis elle poursuit :

« O Jésus, je me consacre tout à votre divin Cœur ; je ne veux plus être à moi, mais à vous ;

3.

je me donne le plus entièrement qu'il soit possible. Désormais je ne veux plus rien craindre, je remets mon salut à votre divin Cœur. Faites de moi tout ce qu'il vous plaira, conduisez-moi par où vous voudrez, je me soumets, je m'abandonne, je ne veux plus d'autre volonté que la vôtre, rendez-vous donc maître absolu de la mienne. En vous je chercherai les armes pour le combat. J'offrirai vos vertus à votre Père pour supplément à mes faiblesses, ou plutôt vous le ferez vous-même puisque je ne m'appartiens plus. Désormais, je ne vous dirai autre chose, sinon : *Seigneur, sauvez ce qui vous appartient.* »

RÉSOLUTION.

« La dévotion aux Cœurs de Jésus et de Marie sera la mienne, et voici comment je la pratiquerai : au commencement de la journée je m'offrirai au cœur de Jésus, et de temps en temps jusqu'au soir, je jetterai les yeux sur lui pour me conformer à mon modèle. Avant chacune de mes actions je me demanderai : Qu'aurait fait Jésus à ma place ? Je prierai, j'agirai, je souffrirai pour lui. Je me retracerai son extérieur pour y rendre le mien semblable, me rappelant que c'est le seul moyen de procurer sa gloire, de garder mon cœur, d'édifier le prochain.

« Il est bien des actions qui pourront me paraître indifférentes, certaines études, par exemple ; je les lui offrirai de même, songeant que tout peut servir à me ramener à Dieu, que ces occupations me font éviter un vain loisir.

« Je prends pour sujet de mon examen particulier le *recueillement intérieur* ; j'y penserai plus spécialement le matin, à midi et le soir. Cette pratique sera difficile pour mon esprit léger. Voilà comme je l'observerai. — Nous ne devons penser, comme nous ne devons agir que pour Dieu ; j'admets donc toute pensée qui peut me reporter à lui : les beautés de la nature, l'étude, mais toujours en vue de Dieu, toujours ma devise : *La simplicité, regard habituel vers Dieu seul, dans l'entier oubli de soi-même.* Toute pensée qui tendrait à me jeter dans le trouble, ou qui serait absolument inutile, je la rejetterai. Si je m'y suis livrée quelque temps, je m'imposerai une pénitence qui sera, soit une petite mortification, soit une courte prière : un *de profundis* ou un *pater* et un *ave* pour la conversion des pécheurs. »

PLAN DE VIE DANS LE MONDE.

« Cette retraite est des plus importantes : mon salut en dépend. Dans les autres je n'avais qu'à changer ma conduite au pensionnat et tout y concourait avec moi ; il me faut former dans celle-ci un nouveau plan de vie ; il faut me mettre sous la protection plus spéciale de Marie; je suis son enfant. Je vais courir des dangers, mais je dois résister ; surtout, je dois éviter comme la mort de laisser prendre mon cœur. Si je ne suis fidèle à l'oraison et à la fréquentation des sacrements, tout est perdu pour moi. Ce n'est pas une simple parole, c'est une prédiction formelle.

« Le matin, à midi et le soir je m'offrirai à Marie pour qu'elle m'offre à Jésus ; le matin j'ajouterai à ma prière le *salve Regina*, le soir, le *sub tuum*.

« Je ferai mon *Oraison* d'une demi-heure tous les jours. S'il arrive que j'y sois distraite, je l'allongerai de cinq minutes, qui seront employées à implorer le secours de Dieu et son pardon.

« Chaque *premier vendredi* du mois, je ferai une heure d'oraison en forme de retraite, et je confesserai à la sainte Vierge les misères du mois.

« Je tâcherai de réciter mon *chapelet* exactement.

« Je ferai tous les jours une *lecture de piété*, mais avant et après je n'oublierai jamais de prier.

« Ici ma règle est de *communier* tant que je pourrai; dans le monde, je le ferai au moins tous les quinze jours; mais s'il me vient de grands découragements, je n'attendrai pas ce terme, j'irai exposer mes misères à Jésus.

« *La veille de mes communions*, j'invoquerai Marie au commencement de toutes mes actions pour obtenir ses saintes dispositions; de plus, je me retirerai quelques instants dans la journée pour implorer le secours de Jésus et de Marie afin de faire une bonne communion. Dans toutes, j'aurai une intention particulière, mais je n'en ferai pour moi seule qu'une par mois, à moins de circonstances extraordinaires. Les autres

seront pour les pécheurs, pour les âmes du purgatoire auxquelles j'appliquerai les indulgences
que je pourrai gagner.

« Toutes les fois que je me *confesserai* dans
le monde, je prendrai une demi-heure pour me
préparer. Je commencerai par un *veni Creator*,
un *ave maris Stella*, puis je m'examinerai un
quart d'heure. Après cela, je m'exciterai à la
contrition en demandant au Cœur de Jesus celle
qu'il ressentit au Jardin des Olives. Après la confession, je remercierai le bon Dieu et je me rappellerai les moyens que j'aurai pris en m'excitant
à la contrition, pour ne plus retomber dans le
péché.

« Je m'attacherai, en m'approchant des sacrements, non à sentir, mais à vouloir. Je me rappellerai qu'ils sont les canaux par lesquels Jésus-
Christ se communique à moi.

« *Le Saint Sacrifice de la Messe* étant la plus
précieuse, la plus puissante de toutes les prières,
je veux absolument me réformer pour la manière
de l'entendre. Quelle que soit ma langueur, mon
ennui, il faut que tous les jours j'y assiste avec
ferveur m'adressant d'abord à Marie, puis à

tous les saints que j'aime : les Saints-Anges,
saint Joseph, sainte Anne, le bienheureux Père
Fourier (1), sainte Magdeleine, sainte Thérèse.
Je m'adresserai ensuite au Cœur de Jésus, puis
à Dieu son Père par lui, je lui exposerai mes
besoins, je lui dirai tout ce que je sens, quand
bien même ce serait du mal ; puis je lui parlerai
pour les autres : pour les pécheurs, pour mes
parents et amis. Je n'entendrai pas une messe
sans demander à Dieu par Marie la grâce de
n'aimer que lui.

« Je vais être plus étroitement obligée à *l'édification dans les églises;* pendant les grand'-
messes, les vêpres, je ferai en sorte de tenir mon
esprit constamment occupé de Dieu par la méditation ; c'est une source inépuisable ; si je ne
sens rien je prierai vocalement.

« *Une enfant de Marie doit être un apôtre ;*
donc je tâcherai de ne passer aucun jour sans procurer la gloire de Dieu en quelque manière. Si je ne

(1) Instituteur des religieuses de la Congrégation de Notre-
Dame, qui avaient élevé Angèle. (*Voyez* préface des Souvenirs, ou Vies de plusieurs jeunes élèves de la maison dite
des Oiseaux.)

le puis par mes paroles, je ferai en sorte que mon extérieur parle pour moi. Je me sens très-portée à travailler à faire connaître Jésus et Marie ; mais si quelqu'obstacle insurmontable s'élevait, après avoir jugé devant Dieu ce que je dois faire, sans me décourager je me reconnaîtrai indigne d'un tel honneur, et je redoublerai de prières jusqu'à ce que Dieu veuille bien se servir de moi. »

Après ce plan de vie si édifiant, viennent quelques réflexions pratiques sur les points qui demandaient de la part d'Angèle une plus exacte surveillance.

« Jamais je ne serai heureuse, je ne parviendrai à une vertu solide qu'en réprimant mon *activité naturelle,* c'est-à-dire, certains mouvements impétueux, certaines pointes d'esprit, certaines saillies ; sans cela j'élèverai un édifice en l'air ; par là j'arriverai à la perfection ; c'est là la racine, il faut la couper avant d'ôter les branches. Ainsi, lorsque j'aurai envie de donner une marque d'improbation ou d'approbation, je me retiendrai. Je réprimerai la vivacité de mes désirs, remettant l'exécution à un terme marqué. Il me faut tenir paisiblement en la présence de Dieu ; si je suis dans la sécheresse : Mon Dieu, je sais que vous ne demandez que la bonne volonté, je vous offre toute celle dont je suis capable... Si au contraire les pensées abondent, ne pas m'arrêter à de vains projets, agir avec calme. L'Esprit saint alors fait entendre sa voix, autrement c'est le démon qui vient me tromper. Vainement je m'accablerai de mortifications, je ne parviendrai pas à triompher de mes passions si je ne réprime l'activité naturelle.

« Ce que je veux éviter par-dessus tout, *c'est la recherche de moi-même*. Dans certains moments donc, un regard vers le Cœur de Jésus. — Seigneur, c'est à vous seul que je veux plaire.

« *Peu m'importe à présent d'être estimée du monde*, mais les considérations si fortes qui ont fait naître ce sentiment n'auront pas toujours sur moi leur effet ; je serai encore légère pour faire paraître de l'esprit, ce certain laisser aller me séduira, j'en oublierai les inconvénients, je me persuaderai même que c'est pour rendre la piété aimable que j'agis ainsi. Mais outre qu'il y a une distinction que je sais bien faire en pareil cas, parler sans réflexion est pour moi la source de mille fautes, je ne le ferai donc plus. Puis-je souhaiter l'estime après qu'un Dieu a été humilié au dernier degré? De ces créatures, de ces vaines louanges, de ces plaisirs, qu'en penserai-je dans l'éternité? Qu'en penserai-je dans le ciel? qu'en penserai-je en enfer?

« De même, *après une humiliation,* je croirai que je la mérite ; si je ne le pense pas, je prierai pour le penser. Les saints ne voyaient que leurs péchés et les vertus des autres, ne fais-je pas tout le contraire?

« *Dans certains moments de légèreté,* je semble tout oublier, et c'est alors qu'il faudra me dire : Les choses subsistent toujours quoiqu'elles soient moins présentes à mon esprit, c'est risquer mon âme que de changer les sentiments reçus dans le calme de la retraite. — Voyez, ô mon Dieu, Cœur de Jésus, faites-moi la grâce de sentir ce qu'est cette perte.

« *Je veux conserver la liberté de mon cœur :* je l'ai vu, je le vois; l'épanchement, les liaisons naturelles me sont dangereuses, je ne veux plus aimer ainsi. Je le ferai entendre aux amies qui me témoignent trop de tendresse. Si l'une d'elles n'aime ni Dieu ni Marie, j'y renoncerai. — Quand l'occasion se présentera de donner quelques témoignages extérieurs d'affection, je ne m'y refuserai pas, mais jamais je ne la ferai naître. Désormais, plus de liaisons uniquement pour le plaisir du cœur. Le démon me dira que certaines sont permises, mais moi, elles me conduiraient à d'autres. Mon but sera donc toujours non ma satisfaction, mais la vertu. C'est un sacrifice, mais le Cœur de Jésus m'en dédommagera. *Je choisis Marie pour l'amie de mon cœur*. Je ne suis pas sur la terre pour y être heureuse, mais pour mériter de le devenir éternellement dans le ciel.

« Que ne puis-je retracer tout ce que mon Dieu m'a fait sentir ! Je vois que le monde n'est qu'une ombre qui passe, que je n'y suis que pour une seule et unique fin. J'ai médité l'Eternité ; et malgré tout ce que j'ai pensé, je suis restée bien au-dessous de la réalité. Si donc les choses sont telles que je me les représente, je n'en saurais trop faire pour assurer le bonheur de cette Eternité. Lorsque je la médite, une vie de mortification et de peine me semble bien peu de chose

Les ennuis, les épreuves seront courtes, l'éternité sera longue.

« Le démon va faire tous ses efforts pour nuire à l'exécution de mes bons desseins ; tantôt il m'inspirera de vaines craintes, tantôt il me détournera du bien, sous pretexte que j'y cherche la satisfaction de mon amour-propre ; tantôt il me suggérera mille actes de vertus pour me fatiguer ; j'ai une maxime sûre contre ses ruses : là où n'est pas la paix là n'est pas l'esprit de Dieu et je prierai. — Il faut que je retienne surtout qu'on peut suppléer à la confiance qui se sent par la volonté. Quand ma bonne volonté me quittera je me dirai : Je ne suis pas maintenant dans mon droit sens. Je l'ai voulu, c'est mon devoir, je ne peux plus ne pas le vouloir. Je me rappellerai qu'en voulant me sauver, j'ai accepté les dégoûts, les contraditions, les combats. Je ferai des actes d'espérance, j'invoquerai Marie. »

« Voilà mes résolutions, ma tendre mère, c'est vous qui me les avez inspirées ; sans vous je n'en puis accomplir aucune ; aidez-moi donc, ô ma Mère, faites surtout que je vous aime ; que j'aime le Cœur de votre Fils. Soutenez-moi dans mes découragements, puisque vous êtes ma mère ; consolez-moi dans mes peines ; soyez mon tout. Animez mon courage à la vue de ce beau ciel où je vous posséderai un jour avec votre Fils. Faites que j'y pense, que je le médite souvent, mais plus encore, faites que je vous aime. O je me reproche tant mes négligences à votre égard, je veux vous en dédommager désormais par une amoureuse confiance. O ma mère, conduisez-moi au Cœur de Jésus ! »

On le voit, Angèle ne s'attachait pas à de pieux sentiments qui, bientôt évanouis, ne conduisent à rien de pratique : elle allait droit au but ; et les lumières qui la menaient à la connaissance et à l'accomplissement de ses devoirs étaient pour elle les plus précieuses des faveurs. Dans la suite de sa vie elle suivit cette route si sûre, et en fit de telle sorte la règle de ses actions qu'une de ses amies qui la connaissait à fond disait : « Depuis sa sortie du couvent j'ai toujours vu Angèle si inviolablement attachée à tout ce qu'elle savait être pour elle un devoir, que je ne crains pas d'affirmer que la mort même ne l'eût pas fait hésiter dans les occasions où la volonté de Dieu lui était connue. »

Angèle termina sa vie de pensionnaire par une œuvre de zèle dont le souvenir vivra autant que la maison, et qu'on peut bien lui attribuer presque entière ; je veux dire les fameuses vacances de 1834 dont elle fut l'âme. Pour faire comprendre les détails édifiants qui suivent il nous faut remonter à quelques années. A l'époque de la révolution de juillet 1830, nous avions loué à C... une modeste habitation ; près de quatre ans passés dans cette ville en avaient assez fait connaître les habitants pour laisser entrevoir qu'il y avait peu de bien à faire. Il fut donc résolu que cette année (1834) on résilierait le bail de la maison. La plupart des élèves qui ne devaient point aller en vacances dans leur famille se trouvaient justement être l'élite du pensionnat, des enfants pleines de foi, de zèle et d'ardeur, et Angèle se trouvait à leur tête. Sachant qu'on devait quitter C... « On n'y a plus rien à ménager, dit cette dernière ; sollicitons la permission de faire de nos vacances un petit apostolat ; qu'on nous laisse travailler à temps et à contre-temps au salut des âmes. » La supérieure, après quelques moments de réflexion, donna carte blanche à son petit monde, qui se retira joyeux et fier comme s'il eût remporté la plus glorieuse victoire. L'ardeur qui animait le chef de l'entreprise eut bientôt passé dans le cœur de la bande ; et jusqu'aux plus jeunes, toutes voulurent, à l'exemple d'Angèle, devenir autant d'apôtres. Elles partent et commencent leur mission avec les deux armes toutes-puissantes nouvellement sorties de l'arsenal de celle qui est plus terrible aux démons qu'une armée rangée en bataille : la médaille miraculeuse et le Rosaire vivant.

Le projet de mission d'Angèle et de ses associées était une chose si sérieuse qu'elles prirent réellement les moyens les plus efficaces pour réussir : la prière et la mortification. On s'impose des *jeûnes de langue,* on fait des actes héroïques de patience, de charité, d'abnégation pour la réussite des conversions. Point de promenade, d'excursion agréable si l'on n'a réussi à parler de Marie. A cet âge, on ne doute de rien : hommes, femmes, vieillards, enfants, tous ceux que rencontrent les élèves dans leurs courses lointaines aux environs de C***, elles les accostent, et, causant d'abord des intérêts divers qui peuvent occuper ces bonnes gens, elles parviennent presque toujours à entamer la question de l'âme, du salut, de l'éternité, de Marie et de sa protection toute-puissante. On appréciait les bonnes journées par le nombre de ces rencontres qui avaient permis de semer quelques paroles de vie, de distribuer médailles et chapelets. Dans le cas contraire, on se disait aussi toute triste le soir : *J'ai perdu ma journée.* Mais n'était-elle pas bien employée cette journée que l'on avait passée à chercher l'occasion de glorifier la Reine du ciel, de sauver une âme ou de lui indiquer la voie, devant Celui qui tient compte d'un désir comme d'un fait accompli ?

Les détails nous mèneraient trop loin ; car chaque jour eut ses combats et ses victoires fidèlement retracés dans l'intéressant journal des vacances, dont Angèle elle-même avait été nommée rédacteur à l'unanimité. C'est de cet écrit, expression naïve de la foi et du zèle qui animaient Angèle et ses compagnes, que nous tirerons quelques-uns des faits les plus propres à faire connaître l'enfant dont nous voulons perpétuer le souvenir et les exemples parmi les élèves qui lui ont succédé. Rarement, on peut deviner les œuvres qui lui sont particulières ; mais ses collaboratrices l'ont proclamée missionnaire en chef, et lui attribuent la conduite de l'entreprise. Voyons comment elles s'y prennent pour attirer les bénédictions de Dieu sur leur mission.

« Nous avions résolu, dit le journaliste, de mettre tout en œuvre durant notre séjour à C*** pour attirer des âmes à Dieu. Il faut prêcher d'exemple, dit-on tout d'abord : on exprime donc le désir d'aller tous les jours à la messe ; et réellement n'aurait-il pas manqué quelque chose à nos amusements s'ils n'eussent été précédés de cet acte de religion. D'ailleurs, il fallait bien dédommager Notre-Seigneur ; car, dans cette triste ville, tandis que ce bon Maître s'immole à Dieu son Père, à peine se trouve-t-il deux ou trois personnes qui viennent s'unir à ce sacrifice, source si abondante des grâces les plus précieuses. Pour attirer les indifférents, il est convenu qu'on fera retentir l'église du chant des pieux cantiques, et la récréation est chaque soir, à cet effet, transformée en répétition musicale. Dieu bénit nos efforts ; nous vîmes s'accroître le nombre de ceux qui assistaient à la messe ; chaque jour en arrivant nous les comptions des yeux, et en sortant nous nous réjouissions lorsqu'il y avait augmentation. »

« Le 1er dimanche, » continue le journaliste ; « au moment de quitter l'église, nous entendons une voix suivie de deux autres qui commençaient le chapelet. L'office avait été long : cependant, des yeux suppliants se tournèrent vers la sœur qui nous accompagnait ; elle comprit ce langage muet ; il nous fut permis d'aller joindre nos prières à ces quelques fidèles, et de contribuer ainsi par le pouvoir de l'exemple à la gloire de Marie. Jamais, je crois, nous n'avions si bien récité le chapelet. »

L'une des œuvres qui porta les fruits les plus consolants et les plus solides fut la visite journalière des malades de l'hospice. — Lorsqu'on se fut assuré des bonnes sœurs de charité qui le dirigeaient qu'il n'y avait aucune maladie à craindre pour les enfants, il fut annoncé à la colonie

que ses membres pourraient aller tour à tour
encourager, soigner les pauvres malades, et pré-
luder ainsi à une œuvre exercée avec des fruits
si abondants, et par tant de personnes aussi dis-
tinguées par leur rang que par leur piété.

« Jamais, » dit Angèle, dont le cœur et la foi
se peignaient si bien dans ses récits, « la promesse des divertissements les plus agréables n'aurait pu causer une joie aussi vraie, aussi douce
que cette nouvelle : toutes auraient voulu se
rendre à la fois à l'hospice. Avec quelle impa-
tience on attendait les rangs assignés; pas une
ne se laissait oublier; à peine les premières
étaient-elles de retour que déjà les autres avaient
réclamé la faveur de les remplacer le lendemain.
Tous les jours on consacrait deux heures à ces
visites, et encore se plaignait-on de la brièveté
du temps destiné à cette œuvre chère à tous les
cœurs. On ne demandait plus de promenades;
c'étaient toujours nos mères qui nous préve-
naient sur cet article. Nos chers malades étaient
tous nos plaisirs; aussi comme ces braves gens
aimaient à nous voir au milieu d'eux! Chaque
fois, ils nous comptaient, et semblaient regretter

4.

que nous ne fussions pas plus nombreuses. Le dimanche seulement, jour privilégié, nous allions toutes à l'hospice ; nous arrivions ordinairement à l'heure du souper. Pendant que les unes causaient avec les malades, les autres, revêtues de tabliers blancs, prenaient plaisir à les servir. Ils demandaient à recevoir leur nourriture de nos mains, disant, avec l'expression de la reconnaissance, que, présentée par nous, elle leur semblait meilleure. Avec quelle joie nous étions accueillies, qu'elles étaient douces à notre cœur les bénédictions de ces pauvres gens ! Vraiment, nous étions trop bien payées des soins que nous prenions pour adoucir les ennuis de leur position ; aussi était-on en quelque sorte obligé de nous arracher de l'hospice. »

Dès la première visite, chacune s'était emparée d'un malade, dans l'intention de le convertir avec l'aide de Marie. On comptait parmi ces enfants un missionnaire de dix ans. Sa taille, peu en harmonie avec la générosité de son cœur, l'obligeait presque à monter sur un tabouret pour exhorter son patient.

Angèle, après avoir rapporté avec détail les

conversions vraiment remarquables opérées par ses compagnes, raconte aussi celle de la femme L., qui lui était échue en partage : « Cette pauvre malade, âgée de soixante-six ans, était atteinte d'une paralysie qui lui avait fait perdre l'usage du côté droit. Elle avait négligé ses devoirs de piété depuis un si long temps qu'elle ne pouvait plus se rappeler l'époque de sa dernière confession. Il y avait quelques semaines que la grâce la sollicitait intérieurement; car sa paralysie lui avait d'abord ôté la parole qu'elle n'avait qu'imparfaitement recouvrée; elle craignait de la perdre et de mourir sans sacrements : ces réflexions l'auraient décidée à appeler un prêtre; mais un puissant obstacle l'arrêtait : elle n'était pas mariée à l'église : si elle prenait le parti de se confesser, il fallait en venir au mariage; et son mari, ancien militaire et de plus ivrogne invétéré, l'*enverrait promener* à la seule proposition qu'elle lui en ferait. Telles furent les confidences qu'elle me fit tout d'abord.

« La part que je prenais à ses maux, à son embarras, m'eut bientôt donné un si puissant accès sur son cœur que j'osai l'entretenir des miséricordes de celle que l'Église appelle l'avocate des pécheurs, et lui offrir une médaille miraculeuse. A peine l'eût-elle mise à son cou qu'elle fondit en larmes; je continuai à lui parler des bontés de Notre-Seigneur et de sa sainte Mère pour les âmes repentantes, et ses pleurs redoublèrent. Enfin, je lui peignis de mon mieux le bonheur d'une âme en grâce avec Dieu, les mérites qu'elle peut acquérir par chacune de ses douleurs, les pertes immenses de grâce et de gloire que fait au contraire l'âme qui, séparée de Dieu par le péché, souffre sans fruit en cette vie, et se prépare dans l'autre des peines sans espoir et sans fin.

« Pendant que j'exhortais ainsi ma malade, Marie agissait efficacement sur mon cœur. Tout à coup les craintes qu'elle s'était forgées disparurent; elle me dit être résolue à se confesser le plus tôt possible. Après lui avoir donné quelques explications sur le sacrement de pénitence, je la quittai le cœur rempli de la joie la plus pure et la plus douce que j'aie ressentie de ma vie. Mais pendant la nuit l'ennemi vint et sema l'ivraie. Le lendemain, lorsque je retournai à l'hospice mon ouvrage semblait détruit, ou du moins ma bonne femme remettait à quinzaine la démarche décisive. La ruse était claire, le démon espérait en venir à ses fins par ce délai. Voulant à tout prix lui arracher cette âme, je me mis à genoux et je m'adressai à Marie dans les termes les plus pressants ; puis, redoublant d'instances auprès de ma malade, j'en obtins la promesse tant désirée. Le lendemain, la pauvre paralytique avait commencé sa confession, et soupirait après l'absolution ; déjà même ayant fait venir son mari, elle l'avait décidé à se rendre le soir auprès d'elle pour recevoir le sacrement de mariage. « Oh ! mademoiselle, s'écria-t-elle lorsqu'elle me vit, que je suis heureuse ! je ne sens plus mes souffrances ; je veux tout ce que le bon Dieu veut : la maladie, la santé la mort même ; mes maux ne sont rien auprès de ce que Notre-Seigneur a bien voulu endurer pour moi. » J'étais là quand M. le vicaire arriva pour lui donner l'absolution ; je m'éloignai et je revins ensuite pour lui aider à faire son action de grâces. Lorsque les paroles toutes-puissantes du sacrement eurent rendu à la vie cette âme morte depuis de si longues années, il se fit en elle un si

grand changement que sa physionomie en reçut
une expression de calme et de joie dont il était
impossible de n'être pas frappé. Quand je lui
parlai des prodiges que Notre-Seigneur venait
d'opérer dans son âme, ses larmes commencèrent
à couler; elle m'exprima alors tout son bonheur,
ne témoignant qu'une crainte, celle que son mari
ne tînt pas la promesse qu'il lui avait faite de
venir le soir; mais le pauvre homme fut fidèle au
rendez-vous: *bien qu'il lui en coûtât terrible-
ment de se confesser*, disait-il. En effet, lorsqu'il
fallut entrer en matière il commença à pâlir et à
trembler de telle sorte qu'on fut obligé de lui
faire prendre l'air. La confession faite, on célébra
le mariage; et le lendemain la malade ne pouvait
m'entretenir que de sa reconnaissance envers
Dieu. Elle m'exprima le désir d'entendre lire la
passion : je me rendis avec joie à sa demande, et
je la lui lus en plusieurs fois pour ne pas la fatiguer; lorsque j'en fus à l'endroit où la pécheresse
arrose de ses larmes les pieds du Sauveur, elle
me parut fort attendrie; lui ayant fait remarquer
la résignation de Notre-Seigneur au jardin des
Oliviers, comme lui, elle me répéta souvent de

puis dans ses souffrances : « Mon Dieu, que votre volonté soit faite. » Chaque jour croissaient ses bonnes dispositions : revenue à Dieu la première, elle eut à essuyer des railleries de la part des autres malades. « J'offre cela à Dieu, disait-elle ; jamais je ne serai humiliée autant que je le mérite, et que Notre-Seigneur l'a été pour moi. »

Ce ne fut pas assez pour Angèle d'avoir ramené à Dieu cette pauvre femme : à la prière que celle-ci lui en fit, elle sut encore triompher du mari et l'amener à vaincre son penchant invétéré pour la boisson, au grand étonnement des voisins et connaissances qui se riaient d'abord des efforts de la chère Angèle et de la sœur B., son Mentor, pour arriver à un pareil résultat.

L'établissement récent de la dévotion connue sous le nom du *Rosaire vivant* (1), les récits

(1) Ce fut la sainte Vierge elle-même, selon une pieuse tradition, qui fit connaître au xiie siècle, à saint Dominique, le moyen de l'honorer connu sous le nom de *Rosaire*. La vie de ce saint est remplie des miracles de grâce et de conversions opérés à cette époque par la pratique de cette dévotion, surtout parmi les Albigeois. Ce que ne pouvaient faire ses ardentes et éloquentes prédications, cette prière l'obtenait.

Le Rosaire se compose de quinze *Pater* et de quinze dizai-

animés et persuasifs de Mlle P., son prédicateur, suggérèrent aux enfants la pensée d'employer ce moyen de salut dans C*** et les environs. Cette œuvre rencontra ses obstacles : il fallut braver le respect humain, essuyer des rebuts, des humiliations. On fait d'abord de vaines tentatives ; mais rien ne décourage nos jeunes apôtres : elles triomphent aussi de joie lorsqu'elles ont été jugées dignes de souffrir quelque confusion pour le nom de Jésus. On parvint toutefois à enrôler

nes d'*Ave Maria* : chaque dizaine doit être précédée ou accompagnée d'une courte considération sur quelqu'un des mystères de la vie, de la passion ou de la résurrection de Notre-Seigneur.

On conçoit les miracles opérés alors et depuis par cette pratique si simple, puisqu'elle renferme les deux moyens infaillibles de salut : la *prière* et la *méditation* de Notre-Seigneur Jésus-Christ notre modèle, la voie, la vérité et la vie.

Aujourd'hui, il est peu de chrétiens assez fervents pour s'assujettir à réciter le Rosaire : combien en trouve-t-on seulement qui soient fidèles à la récitation du Chapelet, qui n'en est que la troisième partie ? Marie, toujours prête à condescendre à la faiblesse de ses enfants, a daigné inspirer à l'une des âmes dévouées à son culte une manière abrégée de recueillir les fruits du Rosaire. Un jour que cette sainte âme lui demandait un moyen de convertir les pécheurs, il lui fut répondu qu'il n'était pas nécessaire de recourir à de

quatre-vingt-dix personnes dans la confrérie du Rosaire, à laquelle s'associèrent aussi plusieurs paroisses environnantes.

Pour se faire une idée de l'esprit de prosélytisme chrétien qu'avait su inspirer Angèle à ses associées, il faudrait pouvoir transcrire ici tout son journal, suivre comme elle jour par jour ces vacances vraiment uniques dans leur genre, et cela nous mènerait trop loin.

Tout bien compté, l'on eut à rendre grâces à nouvelles dévotions; qu'il n'y en avait pas de plus efficace que celle du Rosaire, mais que pour en rendre la pratique plus facile et plus générale, il suffisait de proposer aux fidèles un seul mystère à méditer et une seule dizaine à réciter chaque jour.

De là naquit la pensée du *Rosaire vivant*. Cette pieuse institution consiste à partager les prières qui composent le Rosaire entre quinze personnes, dont chacune tire au sort le mystère qu'elle doit méditer pendant le mois. La dénomination de Rosaire *vivant* signifie que les mystères sont représentés par les personnes chargées de les méditer et de les rendre en quelque sorte *vivants* dans leur cœur.

Nous pourrions citer des volumes de conversions éclatantes obtenues par ce moyen. Nous croyons devoir faire observer aux personnes qui voudraient en tenter l'efficacité qu'elles ne doivent jamais séparer les deux pratiques qu'il renferme : *la récitation de la dizaine et la méditation du mystère.*

Dieu de succès vraiment inespérés. Les rares habitués des offices du dimanche se quadruplèrent; être chrétien ne parut plus un phénomène, et, ce qu'il y eut de plus consolant, les malades, les chers malades de l'hospice se convertirent tous, et s'approchèrent des sacrements avec les plus édifiantes dispositions. C*** était renouvelé, ou tout au moins on lui avait imprimé le mouvement chrétien; il ne fut plus dès lors question de l'abandonner; le bail de la maison se changea en acquisition; une résidence stable y fut formée, des enfants y sont aujourd'hui élevés chrétiennement; et le zèle d'un pasteur vigilant soutient et perfectionne ce que l'esprit de foi inspira à des apôtres de dix et quinze ans.

Nous ne pouvons cependant ramener à Paris nos jeunes missionnaires sans citer leurs adieux à C*** et à leurs malades.

« 13 octobre. Aujourd'hui nous faisons nos adieux car nous partons demain de C***. Séparés depuis un mois de nos mères et de nos compagnes, nous nous réjouissons à la pensée de les revoir; cependant cette joie est accompagnée d'un sentiment de tristesse. Il faut donc nous éloigner de cette ville où, grâce à Marie, nous sommes parvenues à faire quelque bien ; il faut donc abandonner cet hospice où nous laissons de pauvres pécheurs devenus pénitents par la protection de cette tendre Mère ; il faut quitter cette église que nous aimions à faire retentir de nos pieux cantiques, et où il nous était si doux de visiter souvent Notre-Seigneur pour le dédommager de sa solitude habituelle ! Après les vêpres et la récitation du chapelet, où nous avions assisté comme de coutume, M. le curé se tourna vers l'assemblée ; il exprima la consolation dont son âme était remplie ; il rendit mille actions de grâces à Marie, et prit, à la face des saints autels, l'engagement de venir lui rendre ses hommages chaque dimanche à notre place par la récitation du chapelet. Il daigna aussi témoigner ses regrets sur notre prochain départ : « Bientôt, dit-il, nous perdons notre cher pensionnat ; mais Marie est là pour nous protéger ; ne plaçons pas notre appui sur des bras humains : Dieu nous les avait donnés, Dieu nous les ôte ; que son saint Nom soit béni. »

« Il serait difficile de peindre l'attendrissement

général. Quant à nous, nous regardions ce jour comme l'un des plus beaux de notre vie. La vue de cette église, naguère déserte, et qui commençait à se remplir, pénétrait notre âme des plus douces consolations, et cette troupe d'associés, dévoués à Marie, nous semblait un gage assuré des fruits de conversion qu'on allait recueillir. Nous espérions que notre mère achèverait de ramener au bercail toutes les brebis égarées, et nous étions heureuses de voir naître son amour dans les cœurs.

« Je n'essaierai pas de peindre le spectacle de nos adieux aux malades. Tandis que nous parcourions les salles, allant de lit en lit dire les dernières paroles de consolation, des larmes coulaient de tous les yeux. « Oh ! mademoiselle, disait l'une, je vous dois tout ; sans vous, je n'aurais jamais eu le courage de surmonter la honte qui m'empêchait de me confesser. » L'autre, tirant une médaille qu'on lui avait donnée, la baisait et la serrait sur son cœur en disant : « La chère petite demoiselle, elle l'a ôtée de son cou pour me la donner ; je la conserverai toute ma vie. » La mère R. elle-même, qui paraissait peu susceptible de sensibilité, versait des larmes d'attendrissement. Un bon vieillard de quatre-vingt-quatre ans assurait en pleurant celle qui l'avait converti de son éternelle reconnaissance. Tous nous firent promettre de revenir à la Toussaint pour communier avec eux.

« Enfin, nous avons quitté C***; mais le souvenir des vacances de 1834 vivra éternellement dans nos cœurs, et toujours en y pensant nous dirons : « Gloire à Marie ! »

Le journal manuscrit de cette chère Angèle fut lui-même encore un instrument de salut ou de sanctification pour plus d'une âme. Il trouva parmi nos amis et nos anciennes élèves de nombreux lecteurs qui s'en édifièrent. « Nous espérions vous porter, Louisa et moi, écrivait une élève partie depuis un an, cet édifiant manuscrit, et vous dire combien nous sommes heureuses que vous ayez pensé à nous le faire lire. Je ne puis vous exprimer, chère maman, tout le plaisir qu'il nous a fait; nous l'avons lu et relu sans jamais pouvoir nous lasser d'admirer et la puissance de Marie et le zèle de nos aimables compagnes.

« Il faut cependant vous faire un aveu ; mais vous ne me gronderez pas, chère maman ; pour fruit de mon indiscrétion, j'ai déjà deux petits moutons bien souples, bien disposés, tout prêts à rentrer dans le bercail du bon Pasteur ; c'est vous dire que, malgré vos recommandations, nous n'avons pas été seules à lire cet édifiant récit. Le zèle de nos chères petites sœurs a échauffé le mien, et je puis dire avec Mme D., dont il est parlé dans ce journal : Jusqu'à présent, je n'ai travaillé qu'à mon salut ; maintenant, je me sens poussée à travailler à celui des autres. »

M. le curé de ***, dont le talent oratoire et le zèle infatigable sont justement appréciés, écrivait : « J'ai lu avec le plus vif intérêt le *Journal des vacances* de vos chères élèves ; leurs récits naïfs et intéressants ont été pour moi une agréable distraction. On ne peut qu'être profondément touché de leur zèle et des bénédictions que Jésus et Marie se sont plu à répandre sur leurs faibles efforts ; et, sans blesser leur modestie, il est juste de les appeler les Apôtres et les Anges de C***... Après Dieu c'est à vous, ma digne mère, et à l'excellent esprit qui anime votre maison qu'elles doivent des sentiments si parfaitement chrétiens. Combien elles doivent s'estimer heureuses de se rendre utiles au salut des âmes dans un âge où la frivolité emporte loin de toute idée sérieuse tant de jeunes personnes. »

Le moment était venu cependant où Angèle devait rentrer dans cette famille, pour le bonheur de laquelle nous l'avions élevée. Sa vertueuse mère avait assez prolongé le sacrifice de la séparation ; il lui fut donné de jouir de sa fille deux années encore avant qu'elle fût établie. Angèle avait passé la plus grande partie de sa trop courte vie aux Oiseaux : elle savait combien elle y était aimée ; on ne s'étonnera donc pas des larmes que lui coûta son départ. Elle ne pouvait s'arracher des bras de ses mères, de ses compagnes, qui toutes pleuraient avec elle. Il fallut en quelque sorte lui faire violence pour qu'elle se décidât à franchir le seuil de ce couvent où elle laissait de si chers souvenirs.

Nous aurions borné là les détails sur sa vie, si les relations qu'elle entretint avec la Maison et avec quelques-unes de ses compagnes ne nous avaient mises à même de connaître sa conduite édifiante au sein de sa famille. Ce qui nous reste à dire d'Angèle sera donc d'autant plus intéressant que nous la laisserons parler elle-même, rendre compte de ses dispositions, de ses combats et de ses victoires; et qu'il nous suffira de suivre en quelque sorte l'ordre de sa correspondance.

Voyons d'abord quel fut le règlement qu'elle se traça pendant le séjour presque habituel qu'elle devait faire à la campagne. « Voulez-vous, ma bonne mère, me dire si vous approuvez l'ordre de ma journée : Je me lève à six heures et demie ; ma prière, mon oraison, la messe et l'étude de l'histoire et de la littérature m'occupent jusqu'à dix heures. Après le déjeuner, la musique, le travail à l'aiguille dans le salon me conduisent jusqu'à deux heures. Alors, je rentre dans ma chambre pour faire ma lecture de piété. Je consacre l'après-dînée à l'anglais et au dessin ; puis, après avoir récité mon chapelet, je donne à de pauvres enfants une leçon de catéchisme et de lecture. La soirée se passe en famille. J'étais résolue de me confesser et de communier tous les quinze jours; mais j'ai repris la huitaine, mes forces étant épuisées avant ce terme, trop éloigné pour le besoin que j'ai de Dieu. Voilà comment se passent mes journées, sans que j'y aie manqué volontairement depuis que je ne suis plus avec vous. »

On le voit, le temps ne pouvait être plus utilement et plus chrétiennement occupé. Ce n'étaient pas là, au reste, de simples résolutions comme il arrive à tant de jeunes personnes d'en former au sortir du couvent; ce qu'Angèle avait une fois résolu, elle s'y montrait inviolablement fidèle, et nous avons sous les yeux un grand nombre de lettres où, après son mariage comme avant, elle redit : « Je suis exacte à communier presque tous les huit jours ; quant à mon oraison et à mon chapelet, jamais je n'y ai manqué. Je n'oublie pas non plus mes exercices d'enfant de Marie. » On conçoit ce qu'il faut d'empire sur soi-même pour conserver une pareille exactitude dans le premier étourdissement que cause la vue d'un monde nouveau, et au milieu de tant de circonstances et d'événements qui ralentissent chez la plupart des jeunes personnes la ferveur de la piété. Au reste, ces études assidues, ces goûts sérieux, cet éloignement du monde, tout cela n'était pas naturel en cette enfant; mais sa foi triomphait généreusement des penchants les plus impérieux : aussi sa conduite paraissait-elle énigmatique aux personnes qui ne la connaissaient qu'à demi. «On me trouve peu expansive, précisément le contraire de ce que vous m'avez connue autrefois. La raison en est bien simple; tout est pour moi guerre et combat; le puis-je avouer? Et quand on me demande quels sont mes goûts, puis-je dire, par exemple, qu'ils me porteraient à aimer le monde, à vivre au milieu des plaisirs, des honneurs, des louanges? Qui comprendrait comment je prends le contre-pied de toutes mes inclinations? mais aussi qui pourrait comprendre l'ample dédommagement que Dieu verse au fond du cœur? »

Angèle craignait tellement sa faiblesse que c'était précisément lorsque les occasions pouvaient par elles-mêmes l'éloigner de Dieu qu'elle s'en rapprochait davantage. « J'ai été un peu dans le monde, pour la première fois depuis que je vous ai quittée; j'ai eu soin pendant ces trois semaines de continuer à entendre exactement la messe, à faire mon oraison plus longue, j'ai été fidèle à la récitation du chapelet et à la lecture spirituelle; je m'étais dit : Ce sont de petites vacances que je m'accorde; il faut jouir, mais non abuser. Je n'ai pas voulu que la personne chez qui j'étais donnât un seul bal, ou du moins je l'ai prévenue que je n'y assisterais pas. Je me suis créé autant d'occupations que le permettait la politesse. Après avoir passé un assez long temps dans des études sérieuses, je vous avouerai que cette pauvre tête que vous connaissez si légère avait besoin de cette diversion; cependant, à mon retour, j'ai retrouvé avec joie ma solitude et mes chers livres, si bien que j'étudie aujourd'hui avec plus d'ardeur que jamais. »

Les voyages mêmes n'étaient pas pour Angèle un prétexte de se relâcher de cette fidélité à ses exercices de piété, qu'elle regardait avec raison comme un moyen assuré de persévérance : « Je ne voudrais pas, écrivait-elle, que le changement de lieu m'empêchât d'approcher des sacrements : Dieu n'est-il pas le même partout? et bien que

nous ne soyons ici que pour quinze jours, la fête
du Sacré-Cœur qui approche me décide à aller à
un nouveau confesseur, ce qui en soi ne m'ar-
range guère : heureusement qu'au couvent on
nous a appris à ne regarder que Notre-Seigneur
dans son ministre. »

Comme nous l'avons dit, Angèle se trouva peu
dans l'occasion d'aller dans le monde ; mais alors
même, elle ne se croyait nullement obligée d'a-
dopter ceux des usages reçus contre lesquels sa
conscience réclamait : « A Paris, écrivait-elle,
je n'ai été qu'à un concert : si je n'avais été
réellement affligée de voir les lois de la pudeur
si étrangement violées, je crois que j'aurais ri de
bon cœur. Vous dire tout ce que j'ai vu ou plutôt
aperçu de peaux noires, jaunes, ridées, d'épaules
maigres ou grasses exposées aux regards, serait
un tableau digne des peintres flamands, que rien
ne rebute. Enfin, j'en suis encore à me demander
quelle espèce d'amour-propre peut inspirer une
pareille coutume. J'étais littéralement la seule
personne mise avec décence. Je ne sais si ces
dames ont l'oreille plus dure que moi ; mais les
plaisanteries que j'ai entendues sur le compte

de leur toilette auraient dû les guérir à tout
jamais de leur docilité à suivre la mode. Pour
moi, elles m'auraient confirmée dans mes habitudes de stricte décence, si je n'avais des motifs
plus puissants pour ne jamais m'en écarter. »

L'un de ces motifs était l'amour d'enfant qu'elle
avait voué à la plus pure des vierges. Le monde
ne ralentit ni sa ferveur ni sa fidélité dans les
pratiques de cette dévotion, gage assuré de persévérance et de vertu. Pendant les dix années
que vécut Angèle après sa sortie du couvent,
toujours on la vit exacte à honorer Marie durant
le mois qui lui est consacré : chaque fois que
revient cette époque chère à sa foi, son cœur a
besoin de s'épancher, soit avec ses mères, soit
avec les compagnes qui partagent son dévouement à Marie. « Voici le mois de notre Mère ;
dites-moi ce que je puis faire pour l'honorer ;
prescrivez-moi quelque pratique par laquelle je
puisse lui prouver mon amour et ma fidélité. »
Et une autre année : « Je me dispose à communier et à bien passer mon mois de Marie. Pour
prouver mon amour à la sainte Vierge, je me
propose d'instruire un pauvre enfant, et de le

mettre en état de faire sa première communion.
— Je sens que la sainte Vierge veille toujours
sur moi ; vous ne sauriez croire combien elle me
tourmente pour me déterminer à ce qu'elle veut
de moi ; elle a le secret de me rendre si malheu-
reuse quand je lui résiste que je suis toujours
obligée de finir par lui céder. — Ce qui fait notre
malheur, c'est cette demi-volonté avec laquelle
on sert Dieu. Oh ! comme alors, ma chère Henriette, il faut prendre une généreuse résolution,
et, lorsqu'on sent son impuissance, aller se jeter
dans les bras de Marie, et ne la pas quitter que
nous ne nous sentions changées. Oui, je le dis
pour l'avoir éprouvé, la prière, le recours à
Marie, dans quelque situation que l'on se trouve,
voilà le seul remède efficace : allez donc consulter cette bonne mère ; elle vous parlera mieux
que moi ; peut-être vous persuadera-t-elle si vous
l'aimez. »

Dans les crises pénibles, si l'âme de notre
pauvre Angèle venait à se briser et à ressentir
l'amertume qui faisait proférer au saint homme
Job des plaintes que l'Écriture elle-même ne lui
impute pas à péché, c'était toujours en Marie

qu'elle trouvait sa force et son secours : « Que mon âme est quelquefois sombre et découragée, ma mère ! Le croiriez-vous, moi votre enfant, l'enfant de Marie, comblée de ses grâces, j'en viens quelquefois jusqu'au désespoir ; volontiers, je regretterais d'avoir reçu l'existence, ce don de l'amour d'un Dieu. Oui, ma mère, je me suis laissée aller jusque-là ; mais c'est alors, car je dois tout vous dire, que j'appelle à grands cris cette foi que j'ai puisée près de vous ; alors, je me rappelle qu'il y a un remède sûr, la prière ; je me jette à genoux, je désavoue ces pensées, je me redis que Marie est toujours là, et qu'elle est ma mère. Je vous ouvre tout mon cœur ; grondez-moi, mais dites-moi quelque bonne parole qui m'encourage, je vous le demande au nom de Marie. Surtout priez pour moi, indiquez-moi les remèdes propres à une si étrange maladie. »

Marie, qu'elle appelait à son secours avec une vivacité de foi si capable de toucher le cœur de cette mère de miséricorde, savait bien répondre aux cris de son enfant : « Oh ! Marie, je n'ai qu'elle pour conseillère et pour véritable amie, » écrivait-elle à une de ses compagnes, « je suis son enfant ; lorsque je veux consulter ma mère, j'entends sa voix au fond de mon cœur. Suis-je affligée, c'est ma plus tendre consolatrice ; ai-je des doutes sur mon salut, je recours à elle avec persévérance ; si quelque nuage se répand sur mon esprit en songeant à l'avenir de ceux que j'aime, la pensée de Marie vient le dissiper, et je sens que son enfant ne saurait rien craindre. Oui, aimons Marie ; demandons-lui de croître chaque jour dans son amour. Oh ! quel bonheur de lui être consacré ! Que peut redouter l'enfant près de sa mère, près d'une telle mère ? »

Avec Marie, son recours habituel dans la désolation était au Sacrement d'amour, et toujours elle trouvait près de lui plus que la grâce sensible : la lumière, la force de la volonté qui triomphe de tous les obstacles. Souvent, elle confiait au papier les instructions qu'insinuait à son âme, dans l'action de grâces, le maître de la vraie sagesse. Citons : « Ce matin, dans la Communion, je priais Notre-Seigneur de m'accorder sa grâce ; il m'a semblé qu'il me répondait que je ne me croirais pas exaucée, si je ne jouissais toujours d'un très-grand contentement intérieur; peu ou point de tentations, nulle faute, goût à la prière; mais que, lui, il voulait que je trouvasse la paix dans la guerre, la gloire dans le mépris; qu'il fallait donc ne m'embarrasser ni de mes tentations, ni de mes dégoûts, ni même de mes fautes, mais aller de suite me jeter dans son cœur, et faire des actes de confiance; qu'il se plaisait à voir ma volonté ferme en lui, malgré les ennuis et les peines. Ne jamais donc me décourager, mais toujours aller me jeter à ses pieds, pensant qu'il y a dans son cœur plus de miséricorde qu'il n'y a de malice dans le mien. »

« *Le jour de l'Ascension,* quinzième anniversaire de ma première Communion, Dieu m'a fait voir dans la Communion que la seule cause de mon peu d'avancement dans la vertu était la faiblesse de ma confiance et mon peu de constance à persévérer dans mes résolutions. »

« *17 décembre.* J'ai pensé ce matin, dans la Communion, que ce que Dieu demandait surtout de moi, était de croire qu'il voulait à la fois mon bonheur éternel et temporel; que l'un serait

5.

la suite de mes efforts pour chercher l'autre. Dans mes afflictions, il veut que je dise : *Mon Dieu, je sais que vous m'aimez ; faites-le-moi comprendre, donnez-moi la confiance.* Jamais ne laisser attrister mon imagination sur les suites probables du mal présent ; ne m'occuper que de pensées gaies et consolantes ; c'est par la tristesse que le démon entreprend de me perdre. Penser souvent que mon imagination a été mon plus grand mal. Dieu me rejettera-t-il quand je le cherche ! Il m'aime infiniment plus que je ne l'aime. Ma confiance en lui ne saurait être présomptueuse, puisqu'elle me porte à l'aimer davantage, à le mieux servir. »

« *31 décembre.* Ce matin, Notre-Seigneur m'a fait comprendre que, lors même que je ne sentais que révoltes et murmures contre Dieu, je pouvais lui être agréable, lui disant : *Que votre volonté soit faite.* Me livrer à des pensées consolantes est une obligation. Dieu veut mon bonheur. Toutes les fois que j'ai eu du chagrin ou du désespoir dans les épreuves, c'est que je ne m'étais pas soumise à Dieu dans le principe ; sans cela, et en continuant les efforts, je n'eusse pas senti mes peines. Pour plaire à Dieu, renoncer à moi-même. Ma richesse, c'est la prière ; en priant, on obtient tout ce qu'on veut.

« Il ne faut pas m'inquiéter de ne rien sentir dans la Communion. Quand bien même mon insensibilité serait une punition de mes ingratitudes, il la faut accepter, disant à Notre-Seigneur : *Je ne vois rien, je n'entends rien, je ne pense rien, mais je crois que c'est vous.* Il faut se jeter à ses pieds, et rester là, lui disant avec le Roi-Prophète que l'on est devant lui comme une bête de somme. On craint de communier ; mais, à coup sûr, si Notre-Seigneur venait se montrer visiblement, l'amour affaiblissant la crainte, on courrait le voir malgré ses misères. Allons donc ainsi à la Communion ; si notre sort éternel dépendait d'une personne que nous aimons, en qui nous avons toute confiance, nous serions tranquille, pouvons-nous penser que Notre-Seigneur ne nous aime pas autant que nos plus chers amis ? »

La dévotion au cœur de Jésus, dévotion si consolante, si pratique, était devenue comme nécessaire à son âme. La preuve s'en trouve en-

core à chaque page de ses lettres. « Je me prépare à la fête du Sacré-Cœur par une neuvaine
durant laquelle je m'efforce de joindre les actions
aux prières pour me rendre plus favorable ce
divin Cœur. — J'étais mal disposée, tiède, lâche,
découragée ; j'ai eu recours au moyen facile,
abrégé et miraculeux, le Sacré-Cœur. — C'est
aujourd'hui notre belle fête, celle du Sacré-Cœur ;
combien je l'ai prié de me renfermer en lui pour
n'en sortir jamais, combien je lui ai demandé de
faire en sorte que les folles affections de la terre
ne viennent pas lui ravir un cœur si misérable,
mais dont il souhaite la possession ! J'ai pris la
résolution de réprimer plus généreusement que
jamais les mouvements de mon cœur et de mon
imagination : et il me semble que, par une grâce
dont je ne saurais trop le remercier, ce divin
Cœur m'a fait sentir le vide que laisse l'amour
des créatures, quelque permis qu'il soit, dès là
qu'il est trop vif et trop ardent. » Angèle possédait en effet un de ces cœurs aimants, généreux
et dévoués qui ne peuvent en quelque sorte
arrêter les élans de leur reconnaissance envers
ceux qui les ont obligés, qui leur marquent affec-

tion ou intérêt. Présent dangereux avec lequel on peut s'écarter de la voie qui conduit à Dieu, mais à l'aide duquel on y revient presque toujours : cette immense capacité d'aimer, si l'on peut ainsi parler, ne pouvant être remplie que par l'amour infini d'un Dieu. Angèle, éclairée des lumières de la foi, craignait et combattait assidument cette facilité à s'épancher vers les créatures ; et c'était vers le cœur de Jésus qu'elle s'efforçait de tourner toutes les affections de son âme. « Bien qu'il m'arrive encore de me livrer trop aisément aux douceurs de l'amitié, ce n'est jamais que lorsque je n'ai pas eu le temps de la réflexion. J'ai donc pris cet article pour sujet de mon examen particulier ; et comme je n'avais pas encore trouvé de peine qui me punît véritablement, j'ai pris celle d'aller réciter autant de psaumes de la pénitence que j'aurais failli de fois, et cela durant le temps que je destine à la conversation avec ma chère N***, d'autant plus que je peux le faire sans être remarquée. » Elle écrivait une autre fois : « Je veille avec assiduité sur mon cœur ; je ne me permets jamais aucun rêve d'imagination sur l'avenir, ou je ne m'en occupe

que pour chercher à le sanctifier; je prie toujours la sainte Vierge avant d'écrire mes lettres;
quant à celles que je reçois, toutes vues par mes
parents, et d'ailleurs parfaitement convenables,
je ne les relis pas trop; je ne me berce ni d'illusions ni de beaux sentiments; je n'en veux pas
avoir d'autres que ceux que Dieu approuve. Oh!
je ne crains pas de les lui faire connaître; car ils
sont purs et selon lui. D'ailleurs, il m'est impossible de ne les pas bien régler; le cœur de Notre-
Seigneur, que je veux aimer par préférence, ne
me le permet pas; il m'envoie dès l'abord un tel
trouble, de tels remords, qu'à la minute je me
rends à tout ce qu'il veut de moi. Oh! ma bonne
mère, que de grâces je puis obtenir durant cette
belle octave du Sacré-Cœur, si je suis fidèle à
tout ce qu'il m'inspire! J'ai encore bien des froi-
deurs à me reprocher à son égard. Hélas! que
faire? Je lui expose mes besoins, je lui demande de l'aimer, tout en lui disant que je ne
l'aime pas comme je le devrais, comme je le voudrais. »

Des sentiments si vrais, des efforts si généreux
nous suggérèrent la pensée de proposer à Angèle

cet acte de consécration au Sacré-Cœur bien connu de tous ceux qui pratiquent cette dévotion, et qui, sans engager à rien de particulier, peut être proposé aux gens du monde eux-mêmes, puisqu'il n'est que l'explication de cet unique devoir : *Un seul Dieu tu aimeras parfaitement.* Angèle était alors mariée et sur le point de devenir mère pour la première fois. Voici ce qu'elle répondit : « Ma mère, je viens de recevoir votre lettre ; je vous réponds de mon lit, mais je ne puis exprimer la joie, le bonheur qui remplissent mon cœur ; cette consécration de tout moi-même au Sacré-Cœur, depuis long-temps je m'y étais unie sans le savoir ; j'avais dit au Cœur de Jésus, à Marie, que je m'unissais aux âmes qui se consacraient le plus parfaite-ment possible à leur culte. O ma mère ! quel moment a choisi Notre-Seigneur pour me com-bler de ses grâces : celui où je commençais à languir, car il y aura bientôt trois semaines que je n'ai eu ni confession, ni communion, ni messe ; je ne puis bouger de mon lit, on me fait craindre une fausse couche ; mais croyez-vous que je la redoute ? Non, non, surtout depuis que j'ai reçu votre lettre : le Cœur de Jésus, Marie, ne permettront pas que l'enfant de leur enfant meure sans baptême. Je ne puis croire à mon bonheur. Oh! que j'ai été ingrate jusqu'à présent envers mon Dieu : mais la reconnaissance me convertira; oui, je vais changer, j'étais tiède; l'ennui que me cause cette tranquillité forcée me faisait prier sans ferveur. C'en est fait maintenant..... J'ai lu et relu cette consécration, ma mère! Oh! je vous en conjure, prescrivez-moi des exercices pour m'y préparer; dites, ne craignez pas, que dois-je faire? Je mettrai tout en œuvre pour me rendre un peu moins indigne. Vous allez me le faire savoir, n'est-ce pas? vous trouverez un moment pour m'écrire encore : il s'agit de la gloire du Sacré-Cœur! »

La foi d'Angèle se peint assez dans tout ce que nous avons cité d'elle jusqu'à présent pour que nous puissions lui appliquer cet éloge de l'Écriture : *Mon juste vit de la foi*. La foi était l'élément de son âme, la règle de ses moindres actions. Dans une lettre où elle fait avec sa candeur accoutumée l'exposé de sa conduite, elle ajoute : « Je vous supplie de me répondre sans ménagement : je me suis peinte non telle que Dieu me connaît, hélas! que verrais-je? mais telle que je me connais : vous pouvez croire ce portrait, *j'ai fait oraison avant de le tracer.* »

Lorsqu'elle avait quelques conseils à demander, sa formule ordinaire était aussi : « Priez Marie avant de me répondre. » Tout ce qui la rappelait à Dieu lui était cher : « J'ai reçu votre dernière lettre avec bien du plaisir, mon Henriette ; les bons avis qu'elle contenait m'ont rendue heureuse, car je puis dire en toute vérité que je suis affamée de cette nourriture, de ces conseils qui vont à mon cœur, et où il est question de Dieu : car pour la philosophie, elle ne parle pas même à mon imagination. Que j'ai besoin de ces conversations du couvent où la foi, le Sacré-Cœur, la sainte Vierge, parlaient si bien à mon âme! Prions l'une pour l'autre. Sans doute la vie est bien amère ; mais pour moi le plus grand mal c'est le péché, ce sont ces offenses multipliées dont on se rend à chaque instant coupable. Vous rappelez-vous combien je demandais à Marie de mourir avant de sortir du couvent si je devais commettre un seul péché mortel? Ah! que je priais de tout mon cœur alors! »

Cette pensée, cette image de la mort que le monde écarte avec tant de soin, et qu'il craint de voir troubler ses plaisirs ou réveiller son indifférence, Angèle la méditait, l'appelait à son aide comme le plus sûr préservatif contre le péché, qu'elle redoutait comme le seul mal véritable. « J'ai voulu être témoin de la mort d'une sainte religieuse que j'avais été visiter pendant sa maladie. C'était au pied de son lit que j'avais fait chaque jour, cette année, mon mois de Marie. Ses derniers moments m'ont bien frappée : elle était si calme, si résignée, il me semblait que j'étais près de l'une de mes bonnes mères, et je l'en aimais davantage. J'ai tâché de me pénétrer le plus possible de ce grand spectacle que nous serons tous appelés à donner aux autres à notre tour, me redisant les paroles que j'ai entendues tant de fois : *Souvenez-vous de vos fins dernières, et vous ne pécherez jamais*. En conséquence, j'ai donc voulu assister à l'enterrement, et porter même l'un des coins du drap mortuaire; c'est un si grand besoin du cœur, un tel bonheur de pouvoir se rapprocher de Dieu, que tous les moyens sont bons, même les plus pénibles. Et lorsqu'on veut être à lui à tout prix, n'est-on pas heureux de trouver dans la crainte la force que ne peut quelquefois inspirer un trop faible amour ? »

Si la vie de l'homme sur la terre est un combat, Angèle se montra infatigable à combattre les combats de la foi; ce fut par la foi qu'elle triompha de ce royaume qui est au dedans de nous et où s'élèvent les divisions intestines de chaque jour, plus capables d'abattre le courage que la guerre ouverte qui vient du dehors. On put voir ses ennemis, les défauts qu'elle eut à vaincre; mais Dieu seul connaît les armes qu'elle employait, le courage qu'elle puisait en lui, la sainte violence qu'elle savait se faire, lors même qu'on aurait pu croire qu'elle se laissait aller à la pente de son naturel. « J'appelle à mon secours toute ma foi, toute mon énergie, pour surmonter mon caractère que vous connaissez si ardent, si extrême, parfois si stupidement triste, et qui, dans ce moment, était à charge à tous comme à moi-même. Enfin, il m'est venu en idée

de faire en esprit de retraite quelques méditations du P. Judde. Pendant *cinq jours,* j'ai ménagé deux heures dans la journée pour me livrer
à cet exercice; j'en suis venue à bout, puis j'ai
eu recours à la revue que je faisais tous les ans
à la retraite. Ces remèdes m'ont tout à fait remise, mes fautes ont diminué. » Elle écrivait
une autre fois : « Je l'ai encore ce petit livre
qui renferme mes résolutions; l'une d'entre
elles fut de me recueillir chaque mois, et de
renouveler le souvenir des méditations de ma
dernière retraite; j'y ai été exacte jusqu'à mon
mariage, et depuis, bien qu'il ne m'ait pas été
possible de le faire à époque fixe, jamais je n'y
ai manqué. »

Cet amour des pauvres, qui était né avec elle,
fut loin de se ralentir au sein de sa famille. Sa
mère avait une pharmacie à la disposition de
tous les indigents; c'était là qu'Angèle passait
les plus heureux instants de sa journée à écouter
les plaintes et les demandes de chacun, à leur
distribuer les remèdes que réclamaient leurs
maux. Mais ce n'était pas assez pour sa charité,
nous disait une de ses tantes : dès qu'elle ne

s'imposait pas quelque sacrifice personnel pour subvenir à leurs besoins, elle croyait n'avoir rien fait. Aussi donnait-elle et tout ce qu'elle pouvait se retrancher convenablement et plus encore, car c'était son cœur qu'elle faisait juge des bornes qu'elle devait mettre à ses libéralités.

Nous n'avons pu recueillir que peu de détails sur le zèle qu'exerçait Angèle auprès des personnes qui l'entouraient dans sa famille. Souvent elle réclamait nos prières et faisait offrir le saint sacrifice à Notre-Dame-des-Victoires pour la conversion de personnes qui lui étaient chères, et, ce qui était plus admirable encore, pour celles qui avaient envers elle ou envers les siens de ces torts que le monde trouve si difficile de pardonner. C'était pour sauver ces âmes, dont la foi ne lui laissait plus voir que le prix infini, qu'elle offrait ses peines, ses souffrances, « heureuse, » nous disait-elle, « de pouvoir se venger ainsi comme Notre-Seigneur du haut de la croix. »

Elle était l'ange consolateur de celles de ses compagnes qui lui confiaient leurs peines et leurs difficultés. Elle raisonnait ainsi une amie encore au couvent, et qu'un long état de langueur avait jetée dans le découragement :

« Votre lettre, ma chère Constance, m'a tellement préoccupée que je me mets de suite à y répondre. L'air de tristesse qui y règne m'a singulièrement frappée : votre maladie vous inquiète ; vous vous laissez aller à des pensées d'abattement. Ne savez-vous donc plus, chère amie, ce qu'on nous a répété si souvent, et que maintenant vous entendez plus souvent que moi ; c'est-à-dire, que Dieu sait mieux que nous ce qui nous convient et que s'il vous a envoyé cette maladie, c'est dans l'intérêt de votre âme et pour un bien que vous ne connaissez pas, mais qui n'est pas moins certain ? Vous m'alléguerez la crainte de la mort, Constance, n'êtes-vous pas enfant de Marie ?... Je vous le dis comme je le pense : si j'étais à votre place, cette pensée non-seulement ne m'effraierait pas, mais me présenterait une idée consolante. Que pourrait-il vous arriver de plus heureux que de mourir dans un âge où l'on n'a pu offenser Dieu, ayant surtout été dans une si heureuse position ? Mais, ma chère amie, je parle inutilement, il n'en sera pas ainsi, et bientôt je recevrai la nouvelle de votre rétablissement. Je n'ai pas attendu votre demande relativement aux prières, depuis longtemps j'en fais pour vous. Calmez donc vos inquiétudes, ma chère Constance, et soyez sûre que vous avez là-haut une bien bonne Mère qui veille à vos intérêts. »

« Vous le savez, vous êtes ma meilleure amie, un oubli de votre part me serait bien sensible ; dérobez donc quelques instants à vos souffrances, si cela ne vous fatigue pas trop, pour me donner de vos nouvelles. Si vous saviez combien vos lettres me causent de plaisir, vous ne les feriez pas longtemps attendre. »

Fidèle à l'amitié, Angèle en exprimait les sentiments avec cette délicatesse de cœur qui répand tant de charmes dans le commerce d'une mutuelle affection. — Plusieurs années après, elle écrivait à la même compagne, alors rentrée dans sa famille : « Constance, votre lettre a répandu dans mon cœur un baume consolateur ; ce n'était pas vous qui aviez perdu votre amie, mais bien moi qui avais à regretter la plus tendre et la plus aimée des amies ; oui, votre amitié est tout pour moi, je vous aime comme dans ce temps heureux si vite passé aux Oiseaux ; je compte sur vous constamment, toujours vous recevrez la confidence de mes peines, de mes plaisirs ; et si la terre entière venait à m'oublier, si je ne trouvais plus de place dans aucun cœur, ah ! j'accourrais vers vous, sûre que vous m'aimerez toujours. Oh ! que cela me fait de bien à penser, Constance ! Croyez qu'il en est de même pour moi à votre égard, et venez déposer dans le sein de votre amie toutes vos pensées.

« Imaginez-vous, mon amie, que je faisais dernièrement un délicieux château en Espagne : je vous voyais établie avec nous lorsque nous le serons nous-mêmes, ce qui arrivera probablement bientôt, et mon mari souriait à cette idée et me disait que je pourrais, si je le voulais, la mettre à exécution ; mais je n'ai pas le projet de vous arracher à une famille qui vous est si chère ; je vous dis seulement que si des malheurs imprévus éclataient sur vous, ce qu'à Dieu ne plaise ! vous trouveriez un asile dans le sein de l'amitié ; et que nous pourrions couler ensemble des jours sereins. Vous savez sans doute que Virginie, à peine entrée au noviciat, est partie pour les eaux des Pyrénées avec Aurélie ; elle était dans le plus mauvais état de santé et l'on craint beaucoup pour sa poitrine. Pauvre enfant! que je la plains d'aller, peut-être pour y mourir, dans un lieu où règne la dissipation du monde au plus haut degré, elle qui ne l'a jamais vu. Pourvu qu'en le voyant à demi elle ne se prenne pas à le regretter! »

« Adieu, ma Constance, je vous ai toujours aimée, vous le savez, et cette amitié n'est pas commune et ordinaire, croyez-y et comptez sur moi, mon amie, aimez-moi toujours. Et cependant, me voilà mariée ; adieu les voyages, l'espoir si charmant d'embrasser mon amie, espoir auquel il m'est plus dur de renoncer qu'à tous les plaisirs de la liberté. »

A une autre compagne mariée comme elle à cette époque, elle écrivait : « Oui, ma chère amie, vous avez raison de le dire, l'état de nos deux cœurs doit cimenter notre amitié ; nos voies sont différentes, mais la croix plane au-dessus de chacune d'elles, heureuses si nous regardons souvent le terme. Vous vous affligez de n'avoir pas d'enfants, moi de l'impuissance de faire tout ce que je voudrais pour les miens en raison de ma triste santé, et inquiète de leur avenir, que sans doute je ne serai pas appelée à guider. Répétons-le donc toutes deux : O mon Dieu ! que votre volonté soit faite ; surtout ne nous décourageons pas, ne nous désespérons pas ; oui, notre Dieu nous aime, il nous aime par préférence, et l'excès de nos souffrances doit nous le prouver. Loin de nous laisser abattre, de souhaiter la fin de nos maux, prions Dieu de nous faire comprendre son amour caché sous les apparences de la sévérité. Prions le cœur de Jésus : oh ! comme il doit compatir à nos maux, lui qui a voulu éprouver la tristesse et l'abattement au jardin des Oliviers ! »

Avec une foi si ardente et des efforts si constants, Dieu, dans sa miséricorde, laissait encore sentir si vivement à Angèle les penchants qui l'eussent dominée si la religion ne se fût emparée de son cœur, que, regardant ses combats comme des défaites, il n'y avait point de place chez elle pour l'amour-propre. Voyait-elle des personnes qui, sans les puissants secours de la foi, menaient une vie réglée en apparence, ou se rendaient chères à tout ce qui les entourait par l'aménité de leur caractère, elle rentrait en elle-même et se confondait d'être si loin de ces modèles et de ne pas trouver, dans l'amour et dans la reconnaissance qu'elle devait à son Dieu, la générosité qui pouvait la faire triompher de tous les obstacles.

C'était avec la noble franchise de son caractère et sans arrière-pensée qu'elle plaçait les autres au-dessus d'elle dans son estime, et qu'elle faisait l'éloge des personnes en qui elle croyait reconnaître de la vertu. « Que je suis faible, indigne des prédilections de mon Dieu, et de vous, ma bonne mère! J'ai cependant un bel exemple sous les yeux. Ah! si vous voyiez ma cousine, c'est elle qui semble être sortie d'entre vos mains : piété sage et éclairée, goûts simples, amour de l'occupation et du solide ; je ne peux me lasser de l'admirer et de m'entretenir avec elle. » « J'ai été chez les nièces de Mme *** ; quels anges, chère Constance, et que le spectacle de leur vertu était capable de ranimer la ferveur! L'une

d'elles est enfant de Marie. Imaginez-vous qu'elles ne sont occupées que de bonnes œuvres ; il
n'y a pas de sœurs de charité dans la campagne
qu'elles habitent ; eh bien, ce sont elles qui les
remplacent ; elles vont visiter les malades et de
plus font une classe de seize enfants pauvres, à
demi vêtus, qui feraient mal au cœur si l'on ne
voyait en eux les membres souffrants de Notre-
Seigneur. Elles leur apprennent le catéchisme, à
lire, à travailler ; elles leur inculquent de si bons
principes que les parents eux-mêmes remar-
quent le changement de ces enfants. Pourquoi
ne sont-elles pas les élèves de nos bonnes mères ?
elles sont dignes d'elles : tant d'autres les désho-
norent ! Ah ! c'est pour moi que je parle ! »

Lorsqu'Angèle avait eu quelque tort, qu'elle s'é-
tait laissée aller à sa vivacité, nous disait l'une de
ses tantes qui vivait habituellement avec elle, la
soirée ne se passait pas sans qu'elle vînt réparer
ce moment d'oubli, mais avec tant de simplicité, une humilité si vraie que nous en étions tous
émus.

Cette chère enfant se trouvait réellement heureuse lorsqu'on lui faisait remarquer ses fautes :

« Savez-vous pourquoi aujourd'hui j'aime tant N.***? C'est qu'il n'y a qu'elle qui m'avertisse, me reprenne et m'ouvre les yeux sur mes défauts : c'est une légèreté de parole ou d'action qui me sera échappée, des saillies de gaieté outre mesure, un excès d'humeur que je n'aurai pas réprimé, qui fait le sujet de nos entretiens. Elle me demande en quoi je fais donc consister ma religion. Qu'elle a raison ! que je lui suis reconnaissante ! et, hélas ! que je suis donc ingrate envers mon Dieu ! Et vous, ma mère, me défendrez-vous de venir chercher dans votre souvenir des consolations en vous parlant comme à une amie, ainsi que je le faisais autrefois ; de vous avouer mes faiblesses, vous répétant que votre Angèle vous aime, que vos soins, votre tendresse, vos réprimandes maternelles surtout, sont restées gravées si profondément dans son cœur, que rien, non rien ne saurait les effacer ? »

Ce goût de l'étude qu'Angèle avait puisé dans son éducation ne la quitta point dans le monde ; il fut, après les grandes pensées de la foi, un des préservatifs les plus puissants dont elle usa contre ses passions : « Tout ce que je demande, c'est un fardeau d'occupations qui ne laissent pas à cette tête le temps de travailler et à ce cœur celui de regretter. L'étude, le bon emploi du temps, m'a fait éviter bien des fautes : aussi suis-je littéralement occupée depuis six heures et demie du matin jusqu'à cinq heures du soir. Que je vous bénis, mes bonnes mères, de m'avoir inspiré ce besoin d'instruction qui est devenu pour moi une nécessité ! Il n'y a pas de jour que je ne demande à Dieu de vous rendre au centuple ce que vous avez fait pour moi. Si je me surcharge d'occupations, je ne vous cacherai pas mon but ; c'est d'éviter cette oisiveté qui conduit au péché, et d'expier par une vie réglée et sérieuse les fautes que j'ai commises depuis mon enfance, celles que je commets tous les jours encore malgré mes résolutions. Tout cela me servira peu pour le monde, qui se contente d'une dose fort superficielle d'instruction dans une femme ; mais c'est Dieu que je désire, que je cherche, et je crois que l'étude et l'application sont pour moi de vrais moyens d'aller à lui. D'ailleurs je serai trop heureuse, si j'ai des filles, de pouvoir les élever moi-même ; et si ce sont des garçons de commencer leur éducation avant de les remettre en mains sûres ; car si je suis maîtresse, et c'est la seule condition que je ferai en me mariant, quels que soient les sacrifices qu'il me faille faire, mes enfants seront élevés chrétiennement ; cette éducation a fait mon bonheur, c'est le moyen d'assurer le leur : »

La vie inutile que mènent dans le monde la plupart des femmes et des jeunes personnes était pour Angèle un avertissement salutaire et ne servait qu'à l'affermir dans les principes qu'elle avait reçus : « Si je pouvais vous visiter, vous embrasser, ma mère, vous verriez que rien n'est changé dans votre enfant, qu'elle vous aime toujours, et que vos conseils, vos idées, vos sentiments sont toujours la base des siens. Oh ! que Dieu m'a donné de terribles exemples du mal que produit une vie inoccupée ! Si vous saviez dans quel affreux état est tombée *** et comme je vous ai bénies toutes en me rappelant combien de fois on nous répétait au couvent que le travail était un devoir rigoureux imposé par Dieu même à l'homme pécheur, que tous y étaient tenus en conscience ! Car ce qui a fait descendre jusque-là cette personne d'ailleurs si favorisée de la nature, c'est le vide de l'imagination, c'est l'absence d'occupations sérieuses et surtout l'oubli de Dieu. Oh ! combien de fois, lorsqu'elle me disait qu'elle n'avait pas besoin de Dieu, je lui ai répété qu'il punirait sa présomption en lui montrant ce que devient la sagesse humaine lorsqu'elle ne s'appuie pas sur celui qui peut la confondre. J'ai toujours été habituée à vous ouvrir mon cœur, il est si plein de ce triste sujet que vous ne vous étonnerez pas si je m'en entretiens avec vous. Puis, je le répète, vous êtes intimement liée dans mon esprit avec ce chagrin. Toutes les fois qu'il me serre le cœur, je vous bénis de m'avoir appris à aimer les choses sérieuses et solides ; et cela à tel point, que je ne peux plus m'en passer, et que tout le reste me laisse un vide affreux. »

Aussi Angèle s'était-elle proposé de perfectionner, au sortir du couvent, les connaissances qu'elle y avait acquises : l'histoire ancienne, l'histoire moderne, la littérature et trois langues qu'elle cultivait depuis longtemps avec cette ténacité de volonté que ne rebutait aucune difficulté faisaient l'objet principal de ses études. Elle ne se contentait pas d'effleurer chaque chose, comme il n'est que trop ordinaire à la plupart des jeunes personnes ; tous les auteurs qui avaient traité un même sujet passaient successivement entre ses mains. Elle n'abandonnait une histoire, un siècle de la littérature pour passer plus loin, que lorsqu'elle possédait parfaitement ce qu'elle venait d'étudier, et qu'elle avait pris des notes à l'aide desquelles elle pût facilement enchaîner ses idées. Aussi recueillait-elle le fruit de ses travaux, et trouvait-elle tous les jours un plaisir nouveau à étudier : « Je sue quelquefois pour trouver le sens véritable d'un auteur que je traduis ; mais aussi j'éprouve que mon esprit s'étend avec mes connaissances, et que mon âme grandit dans la société des beaux génies dont les écrits font ma plus habituelle compagnie. »

Si parfois l'ardeur de l'étude l'entraînait un peu trop loin, un coup d'œil jeté vers le but qu'elle se proposait la ramenait à la modération, et elle se reprochait vivement de s'en être écartée. « Ma mère, il faut que je vous avoue ma faiblesse : vous savez que je suis extrême en tout ; j'ai maintenant une telle passion pour l'étude qu'il arrive quelquefois que mes exercices de piété m'ennuient, et qu'avare de mon temps pour mon âme je calcule exactement la durée des offices, désolée lorsqu'ils sont plus longs que d'ordinaire. Quelle ingratitude ! quelle lâcheté pour un Dieu qui a tant fait pour moi ! J'en ai honte. Merci cependant mille fois, ma bonne mère, du goût que vous m'avez inspiré pour les études solides ; il est poussé trop loin en ce moment, je l'avoue ; mais ne vous repentez pas, je vais y mettre ordre.. »

. C'est la seule fois qu'Angèle, toujours si ouverte dans ses communications avec les personnes qui avaient sa confiance, se reproche cette ardeur immodérée.

Toutefois, quel que fût son goût pour l'étude, jamais il ne lui arriva de lire un seul ouvrage sans la permission expresse des personnes qu'elle avait choisies pour guides. « J'avais une terrible tentation, écrit-elle, de lire les Mémoires sur l'histoire de France ; mais je me suis rappelé mes promesses, et maintenant j'attends que

vous me désigniez ceux qui me conviennent. »
Loin de presser les personnes qu'elle consultait
de céder à ses désirs, elle était la première à opposer à la soif de savoir les salutaires pensées de
la foi : « J'ai bien envie de lire Shakspeare et Mil-
ton ; je puis vous dire en toute sincérité que je
suis très-raisonnable, et que dès que j'aperçois
dans un auteur le moindre passage dangereux
je saute aussitôt quelques pages. Mais avant tout
pensez à l'*âme;* si je m'exposais à la perdre, à
quoi me servirait la science ? »

Quant aux romans, on l'a vu, elle en avait fait
le sacrifice à la sainte Vierge dans la retraite qui
précéda sa réception d'enfant de Marie. Jamais
donc il ne lui vint en pensée de solliciter la permission d'en lire ; elle se reprocha même une fois
d'en avoir feuilleté un sans en avoir lu la valeur
d'une page, disait-elle. « Je n'en lis pas, mais j'ai
été obligée, bien que rarement, d'en entendre
lire tout haut, et le choix ne pouvait être meilleur. J'ai le bonheur d'avoir des parents très-sé-
vères sur cet article. Savez-vous l'effet que me
produisent ces lectures ? Le dégoût. J'en sors,
mais vraiment, comme affamée de livres sérieux.

Décidément je déteste les romans; et cet état d'enivrement, ce bouleversement de tout l'être que quelques personnes nomment extase, qu'elles recherchent comme les fumeurs d'opium poursuivent leurs brillantes rêveries, je l'ai en horreur. Aussi quand le roman en arrive à ces beaux endroits l'ennui me saisit, et il me devient impossible d'écouter. Au reste j'entends dire par les amateurs eux-mêmes de ces sortes d'ouvrages nouveaux qu'ils sont on ne peut plus dangereux pour les jeunes personnes, et que les romans réputés les plus mauvais autrefois sont encore convenables auprès des productions de nos jours. Que je voudrais pouvoir retrouver mes amies, mes compagnes de couvent pour leur communiquer le salutaire éloignement que j'éprouve pour ces sortes de lectures! Et puis quel passe temps pour des âmes chrétiennes et fortes! »

On ne s'étonnera pas qu'Angèle, avec sa nature ardente et sa foi si vive, ait eu quelque temps la pensée de se donner tout à Dieu. Craignant de ne pouvoir résister aux séductions du monde, et plus encore peut-être à ses propres penchants, avec les secours ordinaires, et voulant à tout prix sauver son âme, elle n'aurait reculé devant aucun sacrifice. Sa mère, sa famille était si chrétienne; qu'elle ne se fût jamais opposée à la volonté de Dieu dès qu'elle eût été claire et certaine. Mais la supérieure de la maison, craignant que l'imagination ardente d'Angèle eût plus de part à cette vocation qu'un véritable appel, n'avait rien caché à Mme de.*** en lui rendant sa fille. Elle l'avait même engagée à examiner chez elle, pendant deux ans au moins, si ses idées ne changeraient pas.

Si Angèle se fût livrée au monde et au plaisir, si elle eût oublié les principes de foi qui avaient fait naître cette pensée courageuse, on eût pu croire en la voyant se marier qu'elle avait manqué aux desseins de Dieu sur elle; mais nous avons dit quelle fut sa vie, sa fidélité au sortir du couvent; sans doute Dieu ne lui suggéra une pareille pensée que pour la maintenir dans la pratique du bien. Elle-même le reconnaît : « Dieu soit mille fois béni de m'avoir inspiré le désir de me donner tout à lui. Sans cela on m'eût mariée au sortir du couvent, et je serais perdue maintenant; oui, perdue avec les meilleures intentions, avec de la foi, après avoir reçu une éducation si chrétienne. J'avais besoin, je le sens, de ces deux années d'épreuves, de prières, d'assauts. Mon âme en est sortie plus forte, plus instruite, plus humble surtout; car elle a pu toucher au doigt sa faiblesse. » Si Dieu n'exigea d'elle, comme du père des croyants, que la volonté du sacrifice, sa correspondance prouve qu'elle fut pleine et entière, mais non sans de violents combats. » Quelles que soient mes répugnances, écrit-elle sous vingt formes, s'il faut sauver mon âme à ce prix, si l'on me dit seulement que telle est la volonté de Dieu, je ne balance pas. »

La lettre suivante de l'ecclésiastique qui l'avait dirigée dans son enfance vint mettre fin à ses perplexités. « Je dirais presque, ma chère enfant, quel dommage qu'un cœur tel que Dieu vous l'a fait ne soit pas tout à lui! Prenez plus que jamais, sous les auspices de Marie, l'engagement de servir Dieu avec un parfait dévouement. Fidélité à sa grâce, à vos exercices de piété, surtout à l'oraison et à la fréquentation des sacrements. Quant à l'état dans lequel vous devez le servir,

les explications si claires, si précises, si détail-
lées que contient votre dernière lettre m'ont con-
firmé dans ma première pensée, c'est-à-dire dans
l'opinion où j'étais que *vous n'étiez pas faite
pour la vie religieuse*. Si vous avez conservé
mes lettres, relisez-les, et vous vous convaincrez
sans peine que ma décision sur ce point n'était
rien moins qu'absolue, mais bien relative à vos
déclarations si expresses de la volonté de vous
sauver à quelque prix que ce soit, et de la crainte
de ne pouvoir faire votre salut dans le monde.
Je ne pouvais, faute de plus ample informé, qu'y
voir une opération extraordinaire de la grâce,
qui, au reste, a dompté des caractères plus dif-
ficiles que le vôtre et levé de plus grands obstacles que ceux que vous paraissiez lui opposer.
Je pense donc, ma chère enfant, que vous pouvez, en paix et en sûreté de conscience, rester
dans le monde, mais à condition que vous y vivrez maintenant et toujours en bonne chrétienne,
bien régulière, bien fervente, bien généreuse,
bien à Dieu. »

Cette condition, Angèle l'accepta et y fut inviolablement fidèle jusqu'au dernier jour de sa

trop courte vie. Au reste, la tranquillité pleine et parfaite qu'elle éprouva depuis la décision de l'abbé ***, ainsi qu'elle le mande à ses mères et à ses compagnes, prouve assez qu'elle était selon Dieu ; car l'oracle de l'Esprit saint est là : Qui a résisté à Dieu et a jamais joui de la paix ?

Elle écrivait à cette époque : « Voici mes dispositions : je veux rester dans le monde ; mais pour y servir Dieu le plus parfaitement possible, je dois m'aider des créatures pour aller à lui, et je sens que je puis y arriver. Je n'aime pas plus ce qu'on appelle *le monde* que lorsque je suis sortie du couvent, mais je trouve plus de facilité à remplir mes devoirs de société... J'aime celui que je dois aimer, mais je sens que c'est une affection qui ne me détourne pas de Dieu ; je sens au contraire un sentiment de reconnaissance de ce qu'il me la permet. Je veux remettre mon avenir entre les mains de Marie ; elle ne peut vouloir mon malheur ni le sien. »

Ce fut au mois d'octobre 1837 qu'Angèle unit son sort à celui d'un de ses cousins, M. le comte de ***, aussi digne de l'estime que de l'affection qu'elle lui a toujours portée, et qui la rendit constamment heureuse.

Angèle traita plus sérieusement qu'on ne le fait communément dans le monde une si grande action, et s'y prépara en chrétienne fervente et éclairée. « Maintenant, mon amie, écrivait-elle à l'une de ses compagnes, je ne suis plus occupée qu'à repousser les distractions qui pourraient m'empêcher d'apporter le soin convenable à la réception du sacrement de mariage. Je voudrais m'y disposer par une sorte de retraite, par des prières ferventes, et je m'indigne contre moi-même quand, prosternée de corps devant mon Dieu, je me trouve préoccupée en esprit d'affections humaines. Aidez-moi donc, vous qui m'aimez, car c'est en ce moment surtout qu'on a besoin de prière. »

La lettre où elle annonce son mariage est trop édifiante pour ne la pas citer :

« Je suis mariée, ma bonne mère, et je m'empresse de venir en vous l'annonçant me recommander à vos prières. J'en ai besoin surtout dans ce moment où le changement de ma position a été une source de grande préoccupation. Car, bien que j'aie toutes les garanties de bonheur que je puisse désirer, c'est un acte si sérieux, la vie entière décidée en un jour, par un mot, qu'on n'arrive pas là sans de grandes perplexités. Néanmoins, au milieu de tout cet avenir incertain à envisager, je n'ai négligé ni la méditation, ni la lecture, ni le chapelet. Je n'y ai pas même manqué le jour de mon mariage. A cet effet, je me suis levée à cinq heures et demie, et j'ai eu tout le temps de m'occuper de Dieu jusqu'à l'heure de ma toilette. Je l'avais tant prié avant de rien décider, que j'espère qu'il a béni notre union. Je me sens d'ailleurs si calme, que je ne puis douter de sa protection ; et ce calme n'est pas seulement la satisfaction d'appartenir à quelqu'un que j'aime, c'est la certitude que Dieu me soutiendra dans tous les orages de la vie que je prévois de loin, mais qui ne me manqueront pas, j'en suis sûre, si Dieu m'aime ; et puis-je en douter ?

« Mon mari permet que je ne change rien à ma vie ; il est fort content que je n'aie pas lu de romans, et ne paraît pas approuver que je commence à me nourrir de ces futiles lectures : làdessus il peut être tranquille. Seulement je me réjouis de penser qu'il est une foule de bons et solides auteurs qui me seront permis à présent.

« Mon mariage a fait une grande lacune à mes occupations, et tout a cédé à cette affaire jusqu'à présent, excepté Dieu. Mon mari a une confiance sans bornes en moi ; je ne néglige rien pour m'en rendre digne et pour la lui faire conserver. Tout ce que je demande à Dieu et fais demander pour lui comme pour moi, c'est que nous soyons de bons et fervents chrétiens ; car, après tout, c'est la seule chose nécessaire ainsi que le développent si bien les méditations du P. Judde, auxquelles j'ai eu recours huit jours avant mon mariage. Vous savez que votre enfant n'a pas changé de cœur en changeant de nom ; prouvez-lui que vous le croyez par une bonne et longue lettre.

« ANGÈLE,

« Enfant de Marie,

« comtesse de ***. »

Angèle avait l'esprit si juste, le cœur si généreux et une foi si éclairée qu'elle comprit dès lors l'étendue des devoirs que lui imposait sa nouvelle position. Elle sut leur sacrifier non-seulement ses goûts et ses plaisirs, mais encore celle de ses habitudes de piété même qui n'étaient pas obligatoires ou qui se trouvaient incompatibles avec sa nouvelle vie.

Si parfois elle se trouvait dans la nécessité de demander quelque concession en faveur de ses principes religieux, elle s'efforçait de dédommager son mari d'un autre côté. « C'est, disait-elle, un motif de me montrer plus douce, plus prévenante, de rompre en tout ma volonté. » Au reste, Dieu l'avait favorisée ; car loin de contrarier ses idées sur cet article important, M. de *** les secondait entièrement, bien certain, sans doute, que la femme qui est dévouée à son Dieu, l'est aussi à son mari.

Il ne se trompait pas. Après Dieu, il était tout pour Angèle en ce monde. Elle écrivait quatre ans plus tard : « Mon mari est toujours bon et tendre pour moi ; son affection me fait du bien ; aussi, je vis plus en lui qu'en moi-même, et cela à tel point que ma paix en est quelquefois troublée. La singulière nature que je suis ! j'aurai beau avoir tous les éléments possibles de bonheur, un nuage que je vois sur son front, le plus léger souci, la plus petite contrariété qu'il endure change toutes mes joies en tourments véritables.

« Aussi, quelqu'assurée que fût Angèle du cœur et de la confiance de M. de P***, se fit-elle dès lors une loi de ne jamais rien dire ni rien faire qui pût le moins du monde contrarier ses goûts, ses manières de voir dans les choses indifférentes. Elle savait au juste la part d'autorité dont elle pouvait essayer d'user, et se retranchait sagement dans cette influence de cœur qui rend si puissante la femme dévouée. Dans ses difficultés, Dieu seul était son confident et son recours; nous lisons dans le manuscrit où elle peint si bien son esprit et son âme : « Quand il me semblera que j'ai un bon conseil à donner à mon mari, je le suggérerai à mon saint ange, je ne m'en entretiendrai jamais avec personne. Sacrifier tout, même le bien temporel pour le bien spirituel de mon mari; complaisance absolue, déférence entière, le laisser tout décider; craindre de me soustraire aux voies de la Providence, soit en demandant à quitter tel lieu pour habiter tel autre, soit en voulant entrer dans des questions qui ne sont pas de mon ressort. — Je me rappellerai que quand bien même Dieu pourrait être indifférent à ce qui se passe sur la terre, il ne le serait pas aux intérêts d'une âme qui se repose de tout sur lui. »

La vie d'Angèle, depuis son mariage, fut aussi retirée qu'elle l'avait été avant cette époque. Elle vécut constamment à la campagne, et bientôt l'état de souffrances presque continuelles où la mirent plusieurs grossesses successives lui ôta toute occasion de voir le monde. Loin de s'en affliger, c'était du fond de son cœur qu'elle en bénissait Dieu : « Si je désirais retourner à Paris, écrivait-elle, ce serait uniquement pour revoir quelques parents et mon cher berceau de la rue de Sèvres. Cette vie de dissipation, ce décousu de Paris, où l'on est si peu à soi, ne me va pas ; mon mari aime la campagne ; j'y suis heureuse au milieu de ma famille et à l'abri de toute occasion de péché. Ne dois-je pas être mille fois reconnaissante que Dieu m'ait ainsi retirée du monde, moi qui ai déjà tant de peine à me sanctifier dans la solitude ? »

Dieu bénit Angèle dans ses enfants ; elle eut

quatre garçons et une fille ; il sera précieux sans doute, à ces chers enfants, de conserver le souvenir des sentiments si chrétiens qui animaient à leur égard, même avant leur naissance, cette mère qui du haut du ciel veille encore sur eux.

« Dieu m'a accordé une faveur que je suis loin de mériter, celle de penser que dans quelques mois je serai la mère d'un enfant dont il me confiera l'âme pour la lui conserver. Si vous saviez, ma mère, tout ce que cette pensée renferme pour moi de devoirs ; il me semble que je dois être plus pieuse, plus pure, plus vertueuse ; que je ne dois me permettre aucune pensée, aucun désir, aucun ressentiment ; que je ne dois penser qu'à Dieu, n'agir que pour lui afin que mon enfant reçoive de moi, comme la vie, sa crainte et son amour ; car je crois que si ces dispositions pouvaient être bien profondément gravées dans mon cœur, je les lui communiquerais. Croyez-vous que Marie m'exauce si, en lui consacrant cet enfant par avance, je lui demande qu'il soit l'un des cœurs les plus dévoués à son culte qui aient existé ? Et ce bon saint Joseph auquel je m'adresse dans ce mois (mars); n'est-ce pas qu'il me protégera? bien que je ne le mérite guère et que je manque à chaque instant aux bonnes résolutions que j'ai prises. Maintenant, ma mère, je viens au fait, car j'ai une requête à présenter par votre entremise à maman Sophie. Peut-être me trouverez-vous indiscrète; peut-être direz-vous que j'aurais pu faire ici ce que je vous demande. Mais non, il me semble que pour être agréable à la sainte Vierge il faut que ma prière lui parvienne dans cette chapelle où j'ai eu le bonheur de lui être consacrée. Voici ce que je voudrais : une messe tous les samedis dans notre chapelle des Enfants de Marie à commencer du jour où vous recevrez ma lettre, pour obtenir cette unique grâce que cet enfant aime la sainte Vierge, et qu'il ne perde jamais l'innocence de son baptême. Non, ma mère, je ne puis vous dire quel prix j'attache à cette demande, combien je serai heureuse si vous pouvez m'accorder cette faveur, et si cet enfant, que je veux nommer Marie et vouer si je puis à ses couleurs, peut lui être offert par avance dans cette chapelle où j'ai goûté tant de bonheur. J'ose vous rappeler que, bien qu'indigne, je suis enfant de Marie, titre qui, je l'espère, m'obtiendra la faveur que je sollicite. Bonne mère, combien je vous remercierai; il me semble que vous m'avez tout obtenu. Adieu, adieu; répondez-moi bien vite, car votre pauvre Angèle est toujours aussi impatiente, aussi ardente dans ses désirs. »

Elle alla plus loin encore; deux mois après nous reçûmes la lettre suivante :

« Je vous conjure, ma mère, de m'obtenir, par vos bonnes prières les grâces dont je vous ai parlé pour mon enfant. Il faut que je vous dise quelque chose encore, mais à une condition, c'est que vous ne rirez pas de moi. Ayant égaré mon Mois du Sacré Cœur avant-hier, je me suis servie de celui de maman. C'était une autre édition : j'y ai trouvé justement ce jour-là, le trente-troisième, ces paroles remarquables que je n'avais jamais lues : *Une sainte âme demandant à Dieu pourquoi, dans ce siècle sans foi, il ne suscitait pas quelqu'un de ces saints dont le zèle change en quelque sorte le monde : On ne prie pas assez, lui fut-il répondu.* Làdessus je me suis sentie un désir extraordinaire de renouveler cette prière, que déjà j'avais adressée au Sacré Cœur, de choisir mon enfant pour être l'un des apôtres les plus ardents de sa dévotion. J'ai offert à cette fin toutes mes actions, tous mes exercices de piété. N'allez pas vous moquer de mes prétentions, au moins. Oh ! ma mère, dites-moi donc ce qu'il faut faire pour que Notre-Seigneur ne dise plus qu'on ne le prie pas assez. Cependant je ne me fie pas à cette disposition actuelle ; peut-être ma faiblesse de mère me fera-t-elle regretter un jour les vœux que je forme aujourd'hui de si grand cœur, et qu'une tendresse aveugle ou des idées mondaines me feront redouter plus tard l'accomplissement de mes souhaits. »

Malgré ces justes craintes d'une humilité que Dieu bénit toujours, Angèle persévéra jusqu'au dernier jour de sa trop courte vie dans ces généreux sentiments, même au milieu des inquiétudes que lui inspirait la santé chancelante de cet enfant.

A peine fut-il né qu'elle accomplit son pieux projet ; elle écrivait à une de ses amies : « Mon premier enfant est venu au monde le 2 novembre, il se nomme Marie M***. Le samedi il a été baptisé et voué à la sainte Vierge. Son petit berceau est blanc, au-dessus est l'image de notre bonne Mère, il porte la médaille miraculeuse et une ceinture blanche bénite. N'ayant pu nourrir, j'ai dû remettre ce cher enfant entre les bras d'une étrangère ; j'ai bien pleuré en le lui confiant. Au reste, c'est une femme excellente, douce et qui a beaucoup de religion ; c'était à quoi je tenais beaucoup. »

Angèle inscrivait le souvenir suivant sur le même sujet : « J'ai consacré à Dieu mon enfant, je l'ai voué à la sainte Vierge le plus parfaitement possible, j'ai laissé Marie arbitre de son sort ; que jamais donc je ne me repente de le lui avoir donné, et quelque chose qui arrive, que je le regarde comme l'effet des prières et de la consécration que je lui en ai faite en présence de Dieu, et renouvelée au pied de son autel. Mon Dieu ! faites que toujours je lui désire les biens du ciel et non ceux de la terre. »

Avant la naissance du second enfant elle écrivait : « Je désire ardemment une fille, elle s'appellera Marie, c'est bien entendu, cependant je veux par-dessus tout que la volonté de Dieu soit faite, et je ne lui demande même pas cette fille tant souhaitée. Priez pour que j'aie un enfant qui aime bien Marie, qui soit bon chrétien. Priez pour que cet enfant, qui sera comme l'autre voué à la sainte Vierge, perde plutôt la vie que l'innocence qu'il recevra au saint baptême. Oh! que Dieu me donne assez de force, assez de foi pour lui faire la même prière tous les jours de leur vie! Je la lui ai adressée bien des fois en pleurant, car mon petit M*** a été plusieurs fois malade. Que je serais heureuse si je pouvais n'avoir que des saints pour enfants! En attendant, Monsieur M*** est banni de l'église, où il pousse de tels cris de joie en voyant l'autel, les statues des saints, qu'il trouble les offices. »

Ces chers enfants devinrent sa plus importante, ou pour mieux dire son unique occupation. « Puisque Dieu augmente ma petite famille, adieu le monde, disait-elle; car je veux les élever moi-même ou ne les quitter que pour leur plus grand bien. » La facilité qu'elle trouvait à ne les pas perdre de vue un seul instant dans la vie de solitude qu'elle menait, lui rendait la campagne doublement chère. « Mes souvenirs d'enfance sont les plus doux à mon cœur, » écrivait-elle à cette amie qui partagea toujours si bien ses sentiments, » et l'idée de retrouver ma volière me sourit toujours ; néanmoins je me félicite d'habiter M***, en songeant à mes enfants. Ils y ont plus d'air, plus d'espace ; surtout ils se trouvent à l'abri de tout mauvais exemple. Il est si difficile, lorsqu'on vit au milieu du monde, que les enfants n'entendent pas énoncer souvent des idées et des principes contraires à ceux qu'on veut leur donner. »

Angèle avait le rare talent de se mettre à la portée de ces faibles intelligences, et de rendre si agréables et si claires ses petites leçons que l'étude avec elle devenait un plaisir. Aussi était-on vraiment étonné de voir avec quelle promptitude et quelle facilité ses enfants apprenaient ces premiers principes des sciences toujours si arides. Elle devinait à deux et trois ans les inclinations, les défauts naissants de ces petites âmes dont la culture était devenue son étude journalière ; et déjà elle cherchait les remèdes à opposer au mal.

Dans toutes ses lettres elle demandait conseil pour mieux former ces jeunes plantes. « Je n'ai point oublié quel surcroît d'occupations vous apporte l'approche des vacances ; ma mémoire est fidèle pour tous ces bons souvenirs ; mais mon cœur a besoin de dire quelques mots à celles près de qui il est toujours en pensée. Je suis bien contente aujourd'hui de n'avoir pas à vous parler de cet éternel moi ; mais aussi ce *moi* est votre fille, et quand vous voyez qu'il a besoin d'être consolé, vos réponses sont toujours promptes ; mais les conseils que j'ai à vous demander ne sont pas moins utiles, car ils regardent vos petits enfants ; ainsi j'espère que vous trouverez un moment pour me répondre. Indiquez-moi donc le moyen d'amener ces petits cœurs à Dieu ; je voudrais tant qu'ils l'aimassent, qu'ils fussent de bonne heure tout dévoués à Marie, doux, bien élevés. Ce sont déjà entre eux des querelles continuelles ; il me faut être juge de paix à toute heure, et ce n'est pas chose facile. Je ne veux pas mettre les délinquants à la porte quand ils s'entêtent, pour qu'ils ne se trouvent pas avec les domestiques. J'ai beau chercher dans mes souvenirs, je ne puis me rappeler comment vous en usiez avec nous en pareil cas. »

Déjà elle leur avait prescrit un règlement proportionné à leur âge, qu'elle leur faisait suivre avec une exactitude scrupuleuse, et qui ne lui laissait à elle-même d'autre temps libre que celui qui suivait l'heure du coucher de ces chers enfants. Leur récompense, quand ils avaient bien fait les deux petites lectures journalières auxquelles ils étaient assujettis, était une histoire de la Bible qu'Angèle leur racontait elle-même dans les termes les plus propres à réveiller leur intelligence et leur foi naissante ; mais elle interdisait expressément à ceux qui les entouraient les contes de fées, les histoires de revenants, qui sont en quelque sorte les romans des enfants, comme uniquement propres à fausser le jugement et à effrayer l'imagination. Elle ne croyait pas que leurs jeux mêmes fussent chose indifférente. « Ma bonne mère, écrivait-elle, n'y aurait-il pas d'indiscrétion à vous demander copie de ces fameux cahiers de jeux que vous aviez si bien rédigés à notre usage, et où nous trouvions le secret de ne jamais nous ennuyer en récréation? Je crains toujours que les domestiques n'apprennent quelques jeux malséants à mon petit monde. »

Ce fut pour ses enfants qu'Angèle continua d'étudier autant qu'il lui fut possible depuis son mariage ; l'avenir de ses fils surtout l'effrayait, et elle voulait les suivre le plus longtemps possible, leur inculquer des principes assez solides pour qu'ils pussent vivre dans la suite sur les souvenirs de leur première éducation. Elle écrivait, au mois de septembre 1844 : « Parlons maintenant de l'éducation de mes garçons et de la mienne propre ; vous savez que j'ai continué à étudier le latin pour être en état de le montrer à mes enfants, de manière à n'être obligée de les mettre au collége qu'à onze ans. Mon ambition serait qu'ils pussent entrer en cinquième, mais je ne sais pas au juste quels sont, après les premiers auteurs, ceux qu'il faudrait que je me rendisse familiers pour les mener là. Je n'ai jamais oublié la maxime que nous répétait la Mère X..., lire beaucoup peu de livres, et il me semble qu'elle serait utile à mes enfants et favorable à ma paresse, mais j'ai besoin qu'on m'indique la marche à suivre. »

« Je voudrais savoir quand et comment leur commencer le latin ; mes deux aînés sont de la même force : l'un a cinq ans, l'autre bientôt six. Rien ne les amuse comme d'apprendre par cœur, que dois-je leur montrer maintenant ? Ils savent le catéchisme historique jusqu'à la mort de Jésus-Christ, il me semble que le reste n'est pas à leur portée. Quant à l'histoire sainte, je peux dire qu'ils la possèdent parfaitement ; ils seraient désolés de n'avoir plus rien à apprendre par cœur. »

« Je voudrais donc que vous eussiez la bonté de réclamer de M*** quelques conseils pour diriger cette petite éducation. Je suis bien indiscrète, mais vous êtes si mère que vous m'excuserez. Je vous demande même une prompte réponse, car mes petites gens ont besoin de ne pas laisser refroidir leur ardeur. Adieu, bonne et véritable mère, parlez de moi à maman Sophie. »

La souffrance était devenue l'état ordinaire d'Angèle, et cette épreuve ne lui était pour ainsi dire pénible qu'en raison de l'impuissance où elle la mettait de satisfaire aussi pleinement qu'elle l'eût voulu à ces devoirs, dont elle sentait si vivement les conséquences. « Les maux physiques ne

seraient que peu de chose, écrivait-elle, s'ils n'in-
fluaient d'une manière fâcheuse sur mes pauvres
nerfs, qui sont si irritables, et par contre-coup
sur mon caractère, m'enlevant presque jusqu'à
la force de me vaincre. Ah ! qu'il est triste de ne
se sentir utile à rien, ayant autour de soi ces
chers petits enfants qui attendent de vous plus
que la vie : la connaissance et l'amour de Dieu !
Quelquefois les larmes en coulent de mes yeux
malgré moi. Pauvres enfants ! leur vie sera ex-
posée à tant d'orages ; ils ont si grand besoin d'une
mère qui grave dans leur cœur les principes religieux, seuls puissants contre les écueils qu'ils
rencontreront. Et pourrai-je accomplir cette tâche
jusqu'au bout ? Mais à tout disons : *fiat, fiat.* »

Après tant de soins, tant de sollicitudes, quelle
n'était pas aussi la joie d'Angèle lorsqu'elle voyait
germer dans le cœur de ses jeunes enfants les
heureuses dispositions qu'elle y avait cultivées !
Laissons-la nous le raconter elle-même : « L'aîné
de ma petite famille, qui n'a pas encore quatre
ans, écrivait-elle en 1842, s'est vu l'autre jour,
pour la première fois de sa vie, en possession
d'une pièce de dix sous, fortune qui l'a mis dans

des transports de joie dont vous ne pourriez vous faire idée : on la lui mit dans une fort jolie bourse, et on l'emmena promener. Une pauvre femme, s'étant approchée, demanda quelque secours à ma tante qui le conduisait. Aussitôt M***, sans qu'on lui en suggérât la pensée, tire avec empressement sa chère petite pièce et la lui remet dans la main ; puis il revient me trouver plus joyeux encore qu'il n'était parti, me conte son heureuse aventure, ajoutant : *Quel bonheur ! la pauvre femme fera au moins ce soir un bon souper !* Je ne puis vous dire le plaisir que j'ai éprouvé en pensant que le premier usage qu'ait fait M*** de son argent a été en faveur des pauvres. »

Les goûts simples qu'Angèle avait conservés, et surtout la vivacité de sa foi lui faisaient chérir ses souvenirs d'enfance. Tout ce qui pouvait les lui rappeler lui était cher.

Elle entrait avec une sorte de complaisance jusque dans les plus minutieux détails. — Le 26 octobre 1835 elle écrivait à une ancienne compagne : « Dites-moi, chère Virginie, s'il y a bien des changements, de quelle classe vous êtes, par-

lez-moi des Enfants de Marie, de la classe supérieure, comment cela s'arrange-t-il ? Ecrivez-moi
le nom de celle qui a mon numéro, qui occupe
ma place au dortoir et relisez ma lettre pour bien
répondre à toutes mes questions. Pensez-vous à
la jeune personne que je vous ai recommandée
(c'était Marie-Thérèse de L*** une seconde Angèle, si elle eût vécu de plus longues années), et
ma chère Eulalie, ne m'en direz-vous rien ; qui est
sa petite mère à ma place, est-elle sage ?

En 1838, on lui avait fait parvenir les Vies des
élèves, aussitôt elle répondit : « Ce que je ne vous
dis pas assez vite, c'est le plaisir, le bonheur que
m'ont causé les Vies de mes compagnes que m'a
envoyées Virginie ; j'ai lu et relu surtout celle de
Marie-Thérèse, et je ne passe aucun jour sans en
revoir quelques pages après ma lecture de piété.
Ce n'est pas sans quelque satisfaction que j'aime
à me bercer de l'idée que vous m'avez dû un tel
ange ; car c'est une de mes parentes qui a parlé
de la maison à cet oncle que sa mort a rendu inconsolable. Jamais livre ne m'a tant parlé au
cœur, excitée à la pratique de la vertu : c'est
qu'il contient les principes de mon cher couvent

mis en action. Envoyez-moi donc encore quelque chose de ce genre : si vous saviez avec quel plaisir je lirais le journal du pensionnat, celui des Enfants-de-Marie ; procurez-moi les vieux brouillons que les pensionnaires jettent en partant pour les vacances ; quelque raturés, quelque indéchiffrables qu'ils soient, je m'en tirerai facilement ; expédiez-les-moi par la diligence, et croyez que je recevrai cet envoi avec plus de plaisir qu'une parure de diamants. »

Elle avait conservé une affection d'enfant pour la maison qui l'avait élevée ; ses lettres sont remplies des témoignages qu'elle se plaît à donner à ses mères de son attachement : « Si vous pouviez comprendre la douceur que je sens à penser aux jours heureux que j'ai passés avec vous ! ce sont là mes châteaux en Espagne ; mes rêves à moi, c'est ma vie de couvent. Dans mes moments de soucis, dans mes malaises, je m'y reporte, et quand on me demande ce que je désirerais le plus, je réponds : Revenir à douze ans et retourner aux Oiseaux. Oui, mon cœur est plein de reconnaissance pour les mères qui m'ont appris à aimer mon Dieu. Que ne puis-je aller me jeter à leurs pieds pour les remercier de tout ce qu'elles ont fait, de ce qu'elles font tous les jours pour moi!»

Angèle eut la satisfaction de visiter trois fois depuis son mariage ses mères d'adoption, qui, elles aussi, payaient si bien de retour une affection si vraie. Dire la joie mutuelle serait difficile. Les nouvelles mères, les enfants, toutes connaissaient Angèle de réputation; plus d'une fois celles de ses lettres qui n'étaient pas purement confidentielles avaient édifié les réunions de famille où l'on aime à faire revivre le souvenir des anciennes élèves; et si cette chère enfant trouva des visages inconnus, elle s'aperçut bientôt que tous les cœurs lui étaient acquis. Elle voulut revoir ses classes, ses dortoirs, le jardin, surtout cette chère chapelle des Enfants de Marie vers laquelle son cœur et ses pensées s'étaient tant de fois dirigés depuis son départ. Elle s'agenouilla et pria à cette même place où elle avait eu le bonheur de recevoir son Dieu pour la première fois, regrettant que la nécessité eût forcé à changer la destination de ce lieu cher à son cœur par tant de souvenirs. «Votre église est pieuse, charmante, mes bonnes mères, disait-elle; mais ce n'est pas pour moi cette chapelle où Notre-Seigneur m'a fait tant de grâces, où j'ai eu tant de fois le bonheur de le recevoir. »

Laissons-la raconter elle-même à l'une de ses anciennes compagnes le premier de ses voyages; il y avait cinq ans et demi qu'elle avait quitté Paris : « Je suis revenue ici depuis un mois, ma Constance, et j'ai eu tant de tracas que je vous ai laissée sans réponse; mais vous savez bien, chère amie, que ce n'était pas de l'oubli. Le surlendemain de mon arrivée à Paris, j'ai senti que je ne pouvais résister au désir de revoir mes bonnes mères. Mon mari était sorti, je prends la femme de chambre et je vole au couvent. La première pensée qui me frappa en ouvrant la porte cochère, ce fut la vôtre, ma chère Constance ; je vous voyais me conduisant jusqu'à cette porte le jour si triste où je quittai mes mères. En entrant au tour, l'émotion me suffoquait et j'ai demandé maman Sophie d'une voix presque inintelligible à un visage inconnu qui se trouvait là; mais bientôt j'aperçois sœur Éléonore, sœur Marie-Louise, sœur Isabelle. Toutes se précipitent sur moi ; on cherche de tous côtés maman Sophie qui se jette

dans mes bras et m'embrasse à plusieurs reprises, puis elle me conduit de suite à la chapelle
et là je donne des distractions aux mères Jo-
séphine, Saint-Jean, etc., que je veux embrasser dans l'église. Cette église est superbe,
l'édifice est noble, beau; mais il n'y a rien qui au-
torise les criailleries de certaines gens. Le maî-
tre-autel est en marbre blanc ; derrière est celui
de la sainte Vierge, dans une petite chapelle à
vitraux de couleur. En arrivant à la chapelle des
Enfants de Marie, mon cœur se serra encore en
pensant à la promenade que nous fîmes ensemble
le jour de mon départ; vous revoir, ma Constance,
était alors mon désir, et votre pensée vint attrister la joie que me causait la vue de ces lieux aimés. Vous rappelez-vous ce petit bosquet de lilas
devant notre chapelle, il est abattu et remplacé
par un gazon. Bien des choses ont été changées! Passons maintenant des lieux aux personnes, etc. »

Angèle sut mettre à profit ce séjour à Paris
pour réveiller la foi dans l'âme de l'une des compagnes qu'elle avait le plus aimée au couvent.
Celle-ci nous apprendra elle - même le zèle et le

dévouement de cette chère enfant à son égard :
« Lorsque Angéle revint, j'étais dans cet enchantement et dans cette quiétude parfaite qui accompagnent souvent les premières années d'un mariage. Entourée de toutes les délices de la vie, possédant une riche fortune, n'ayant aucun souci de l'avenir, trop jeune pour prévoir d'autres jours que les jours présents, je laissais couler cette douce vie dans une paix factice et un vague désir de servir Dieu plus généreusement. »

« Mon confesseur mort presque aussitôt mon mariage, une difficulté survenue avec celui que j'avais choisi pour le remplacer, je m'éloignai insensiblement de Dieu, et mon cœur se refroidit, malgré de fervents désirs d'être à lui, vivement sentis de loin en loin ; et les jours, les mois, les années se succédaient dans ces velléités de bien, plus à craindre que les orages des passions. Que serais-je devenue, mon Dieu ! sans Angèle et sans votre miséricorde ? A peine les premières joies du retour exprimées, les premières tendresses échangées, Angèle me fait ses pieuses confidences, et demande les miennes en retour. Elles me faisaient peu d'honneur, Dieu avait été presque

complétement oublié; mais je fus sincère, et ma
pauvre amie bien indulgente. « Il faut vous confesser, N***; venez trouver M***; il vous tirera
de cet état de tiédeur. » Le lendemain elle vint
me chercher elle-même, me conduisit à l'église
et m'exprima toute sa joie quand je lui dis que
j'avais reçu l'absolution. Toutefois, je ne sais
quelles inquiétudes me traversèrent l'esprit pour
m'empêcher de communier. Angèle ne se décou-
ragea pas; elle me questionna, je ne voulus rien
lui dire. Au lieu de se rebuter, elle sut trouver
dans son zèle et dans son amitié le moyen de me
tirer de ce mauvais pas. « N***, vous avez trop
de foi, me dit-elle, pour en rester là, et pour
vous trouver heureuse dans une pareille vie. Ne
me dites rien, soit; mais vous avez entière confiance en maman Sophie; allons la trouver, et
promettez-moi de faire ce qu'elle vous dira. »

« Le lendemain elle revint me prendre, m'a-
mena près de vous, chère maman, et craignant
que j'hésitasse encore : « Nous venons ensemble,
dit-elle, parce que N*** a quelque chose à vous
dire; puis elle me laissa seule avec vous. Le
reste, chère maman, si vous l'avez oublié, la re-

connaissance l'a vivement gravé dans mon cœur. Je vous fis l'aveu de toutes les folies de mon imagination, du temps énorme qui s'était passé depuis ma dernière confession. Avec quelle bonté, quelle indulgence vous m'accueillîtes; la paix descendait dans mon cœur avec vos paroles maternelles. « Vous irez trouver demain votre confesseur, me dîtes-vous en terminant, devant Angèle ; vous communierez ensuite, et vous me l'écrirez, n'est-ce pas, chère enfant ? cette nouvelle me rendra si heureuse. » Aurais-je pu résister à tant d'avances. Je garde précieusement votre réponse à la lettre qui vous annonçait mon bonheur, et je conserverai toujours une tendresse vive et dévouée, une reconnaissance éternelle et pour vous, maman, et pour cette chère Angèle. »

Un an après, en 1842, son séjour à Paris fut plus prolongé, et M. de P*** lui permit même de faire dans son cher couvent une retraite de quelques jours. Elle fut au comble de ses vœux : elle put voir son monde à l'aise et retremper son âme dans ces saints exercices qu'elle savait si bien apprécier et qu'elle avait été fidèle à faire seule chaque année, autant qu'il lui avait été possible. Voici comment elle rendait compte à l'une de ses chères amies de ce nouveau voyage. : « Sans m'y attendre le moins du monde, je suis partie pour Paris quelques jours après celui où je vous écrivais, et j'y ai passé cinq mois, mois heureux, car j'y ai vu souvent mes bonnes mères ; quand je dis souvent, je me trompe, car mes forces ne me permettaient que rarement cette lointaine excursion. Rien n'est changé du côté du cœur à la Congrégation, on nous y aime comme par le passé ; l'esprit est toujours le même, les exercices s'y font aux mêmes heures, enfin quelquefois, en voyant toutes choses aller là comme lorsque j'y étais ; je me prenais à penser que j'avais fait un rêve et que j'étais encore à ce temps le plus heureux de ma vie. Un de ces jours passés à Paris a été bien doux pour moi ; vous devinez que le souvenir de nos bonnes mères s'y rattache, c'était le premier dimanche de mai, grande réunion d'Enfants de Marie. Esther et moi nous nous rendîmes sur les 2 heures à notre chapelle ; là étaient rassemblées toutes nos sœurs, non-seulement pensionnaires, mais les anciennes qui se trouvaient en ce moment à Paris. Je vis donc Victoire B***, Zéphirine de Sainte-P***, etc. M. l'abbé *** présidait cette petite assemblée; il nous adressa un de ces mots d'autrefois, car le cœur ne vieillit pas, puis nous renouvelâmes chacune à notre tour notre acte de consécration, le cierge à la main, comme au beau jour de notre réception. Rien n'était changé autour de nous, rien ; mais l'absence de compagnes comme vous si chères, venait m'attrister, et vous pensez bien, chère Constance, si votre souvenir était le plus vif. Nous nous promenâmes ensuite avec les Enfants de Marie, elles m'ont paru simples et gentilles ; la mère Saint-V*** présidait ; nouveau souvenir d'un heureux passé. Oh ! que j'étais heureuse dans ces instants ! non, je n'en ai pas goûté de plus doux depuis ma sortie du couvent. Mais Charlotte a pris l'habit le 9 juin, jour de mon départ de Paris ; je devais assister à la cérémonie, car j'ignorais devoir m'en aller ce jour-là ; j'ai donc quitté mes bonnes mères sans leur faire un dernier adieu. Je ne sais si je les reverrai jamais. »

Cette joie mutuelle nous fut accordée une fois

encore, mais à cette époque l'état chancelant de la santé d'Angèle nous frappa péniblement, et bientôt après l'obligea à un sacrifice qu'elle ne se fût jamais décidée à faire sans de pressants motifs : elle nous confia cette fille unique qu'elle avait si ardemment désiré élever elle-même, comme elle nous l'avait exprimé souvent ; mais le véritable intérêt de ses enfants l'emportait toujours sur toute considération, eût-elle même les apparences de la tendresse maternelle. Marie était bien jeune, elle n'avait pas encore quatre ans accomplis ; mais déjà il était difficile de l'élever avec trois garçons, et Angèle tenait à former ceux-ci elle-même, comme nous l'avons dit ; voir Marie presque constamment avec les bonnes était donc l'unique alternative à prendre. Angèle ne put s'y décider, et accepta la proposition que nous lui fîmes de nous la donner, malgré tout ce que cette séparation dans un âge si tendre avait de pénible pour son cœur.

Voici ce qu'elle écrivait en nous confiant ce précieux dépôt : « Oui, ma chère maman, vous aviez bien raison de dire que Dieu m'aimait ; je le crois puisqu'il m'a donné votre cœur de mère qui, après avoir conduit mon éducation avec tant de sollicitude, veut encore se charger des mêmes soins auprès de ma petite Marie. C'est bien en toute confiance que je vous la remets ; pourrait-il y avoir place à quelque autre sentiment dans mon cœur? Toutefois, vous me pardonnerez les larmes qui ont accompagné son départ ; vous comprenez si bien le cœur d'une mère !

« Je prie mes bonnes mères de lui parler souvent de son père, de moi, de ses frères : elle est si jeune qu'elle pourrait nous oublier. L'idée qu'elle va être mise entre les mains de la mère Eugénie, me met le cœur tout à fait à l'aise ; le souvenir de sa douceur, de sa bonté pour moi dans ma petite enfance est resté gravé dans mon cœur. Remerciez-la encore une fois pour moi du passé, et de l'avenir pour ma petite Marie. Maintenant, chère maman, je vous dirai que cette enfant a beaucoup de facilité, bien que l'une de ses petites ruses soit de feindre de ne pas comprendre lorsqu'elle est mal disposée. Elle connaît ses lettres et commence à épeler ; elle a appris douze chapitres du Catéchisme historique, et les Maximes de la sagesse, qu'elle sait presque toutes ainsi que ses prières. Elle est d'un caractère un peu trop décidé, et ses manières sont celles d'une petite fille élevée avec trois garçons. Quant à son innocence, elle est trop jeune pour que rien ait pu l'altérer; j'y ai veillé avec soin avant même les premières lueurs de la raison ; vous la lui conserverez, chère maman ; ce sera vraiment votre enfant. Envoyez-moi des nouvelles de toute la volière. Je suis heureuse de penser qu'elle va renfermer un petit oiseau qui m'est si cher. Il y a eu cette année vingt ans que j'y suis entrée moi-même ; c'était le 4 mai 1824, et je n'oublie pas d'en remercier Dieu. Adieu, maman; adieu, mes bonnes mères; que ne puis-je prendre la place de ma fille ! »

Nous pûmes juger de la sollicitude dont Marie avait été l'objet par les heureuses habitudes qu'elle avait contractées et par les progrès qu'avait déjà faits en elle cette éducation du cœur et de la foi qu'on ne saurait trop tôt commencer. Marie était à trois ans et demi ce que bien des enfants ne sont pas à dix : observant tout, demandant raison de tout, sensible aux peines des

autres; ne recevant rien sans vouloir le partager
avec les enfants de son âge. Exacte à faire d'elle-
même sa petite prière du matin et du soir avant
même qu'on le lui suggérât, elle y joignait déjà
cet examen de conscience auquel Angèle était si
fidèle; c'est-à-dire qu'après son cœur à Dieu elle
se demandait si elle avait été *sage* durant le jour
qui venait de s'écouler, et quand la réponse était
négative elle ne manquait pas de faire ses répara-
tions à la mère Eugénie; puis elle se couchait les
mains croisées sur la poitrine, parce que, disait-
elle, ma petite maman m'a dit que le petit Jésus
ne s'endormait jamais autrement. On ne sera pas
étonné quand nous dirons que déjà Marie connaissait et aimait la sainte Vierge; ne l'avait-elle
pas aimée en quelque sorte avant de naître par
le cœur de sa mère? aussi lui arrivait-il souvent
de dire quand on lui demandait son nom : Je
m'appelle *Marie de la sainte Vierge;* je suis
la petite fille de la sainte Vierge.

Il semblait que sa pauvre mère en nous la confiant eût prévu la fin prochaine de sa trop courte
existence. La pensée que Marie serait élevée selon les désirs de son cœur lui fut un repos et

une sécurité qu'elle nous exprima plus d'une fois encore.

Elle écrivait le 8 septembre : « Que vous êtes bonne, chère mère, et que vous êtes bien ma consolation ! J'en ai grand besoin, je vous assure, car le courage n'est pas grand, et je m'impatiente souvent de me voir si mauvaise ! Que je suis heureuse de l'affection que vous témoignez à Marie, et de la pensée qu'elle a tout ce qu'il faut pour répondre à vos soins ! Je ne sais ce que Dieu destine à cette enfant, mais je crois qu'il a sur elle des vues toutes particulières, et cela à cause de la joie que j'ai ressentie le jour de sa naissance, joie toute du ciel et que rien ne pouvait motiver, bien que je fusse contente d'avoir une fille, mais joie si grande, qu'elle me portait à aimer Dieu, à me vaincre. Je n'ai jamais pu m'expliquer ces sentiments si intimes. Il me semblait que c'était un petit ange qui m'était donné en garde. »

« Maintenant je la vois avec repos entre vos mains. Je crois que Dieu voulait absolument qu'elle vous fût confiée, tant je sens de calme et de joie en pensant à elle. Lorsque je l'avais près de moi, la nécessité de la confier souvent à des

bonnes, était pour moi comme un remords inces-
sant, une idée qui me troublait : maintenant, si
mon cœur souffre de son éloignement, je puis
dire que ma conscience est dans une sécurité
qui me soulage. J'en suis même persuadée, Dieu
ne m'a envoyé ce cinquième enfant dont la naissance approche qu'afin que Marie vous soit confiée. Sans cette augmentation de ma famille jamais mon mari n'eût consenti à se séparer
d'elle. »

On sera curieux sans doute de savoir qu'elles
étaient les dernières pensées d'Angèle si près
d'entrer dans son éternité à cette époque. Nous
les trouvons consignées dans le manuscrit qui
renferme les impressions de foi de toute sa
vie : « J'avais été jusqu'ici tourmentée, car je ne
me sentais nullement disposée à embrasser la
Croix. Dans la communion, Notre-Seigneur m'a
fait voir que ce qu'il demandait de moi était, non
de ne pas sentir l'affliction, la souffrance, mais
de lui dire de suite que votre volonté soit faite ;
de ne me plaindre jamais des événements ni des
personnes, de n'exprimer jamais un sentiment
indigne d'une chrétienne, enfin, dans les mo-

ments d'épreuve, chercher les motifs qui peuvent m'exciter à la confiance, pensant que Dieu m'aime, que ses vues sont plus élevées que les miennes, prier, et si je ne le peux, lire des actes de confiance. »

« J'ai fait faire une neuvaine à Notre-Dame-des-Victoires ; je demandais à Dieu par Marie, d'abord de me faire aimer mes devoirs, puis d'élever chrétiennement mes enfants selon leur état, enfin de nous donner non le luxe et l'abondance, mais ce qui est nécessaire dans notre position. J'ai senti s'accroître ma confiance, il me semblait que je n'avais à m'occuper que de mon salut et que Dieu se chargerait du reste. Puisque j'espère fermement qu'il ne me refusera rien quant au temporel, comment ne pas penser qu'il aura également soin de l'âme, mille fois plus précieuse. J'ai vu que ma solitude et nos embarras d'affaires étaient des grâces de salut pour moi. J'ai ressenti une plus grande horreur du péché, plus d'amour de Dieu et pour la première fois, le désir du ciel dans la seule vue de jouir de lui et non à cause des misères de la vie. Marie, soyez bénie, mais par-dessus tout, veillez à ce que je n'offense plus mon Dieu.

Ce cinquième enfant, dont Angèle attendait alors la naissance et qui la suivit de si près au ciel, fut un garçon encore. Elle paraissait assez bien remise de ses couches lorsque se déclara la maladie de poitrine qui l'enleva à sa famille, à ses amis, à ses chers enfants, auxquels son existence semblait si nécessaire. Nous ne l'entendrons plus cette chère Angèle; ce ne sera plus elle qui viendra nous peindre si naïvement, si énergiquement les sentiments de mon âme! Une amie comme elle méritait d'en avoir, une mère aussi chrétienne que dévouée, des parents qui avaient su l'apprécier, nous diront quelle fut l'édification de ses derniers moments. Douloureux et précieux souvenirs que nous léguerons avec ses exemples à son mari, à ses chers enfants et à tous ceux qui l'ont aimée. Esther, cette amie d'enfance qui lui avait toujours été si attachée, partit pour la V*** dès qu'elle eut reçu la nouvelle de sa maladie, chargée de nos lettres et de nos souvenirs. Elle nous écrivit aussitôt les détails suivants :

« Ma bonne maman,

« Me voici donc auprès de ma chère Angèle;

vous dépeindre sa joie serait difficile. Elle venait de recevoir le bon Dieu lorsque je suis arrivée ; je n'ai pu entrer de suite chez elle ; mais à peine lui a-t-on dit que j'étais là qu'il a fallu que je vinsse *vite, vite*, et seule. Combien elle m'a parlé de vous, de toutes ses bonnes mères : qu'elle serait heureuse de transporter sa V*** aux Oiseaux ! On m'avait tant dit qu'elle était changée que d'abord je l'ai trouvée moins mal que je ne m'y attendais ; sa journée si bien commencée s'est soutenue beaucoup mieux que les précédentes ; la fièvre a été moins forte, la nuit bonne ; nous espérions presque ; mais le matin a détruit toutes nos illusions. Je l'ai trouvée abattue, absorbée, une fièvre ardente ; mais si résignée, s'abandonnant avec tant de confiance à la volonté de Dieu que nous en sommes toutes dans l'admiration. Ses tantes surtout, qui la voyaient depuis le commencement de sa maladie, trouvent un changement très-grand dans ses sentiments depuis qu'elle a eu le bonheur de recevoir Notre-Seigneur. Avant, le sacrifice de ses enfants lui déchirait l'âme et lui semblait impossible à faire ; la pensée de la mort lui causait un tel effroi que l'on n'osait

même pas lui parler de communier en viatique.
Maintenant c'est pour elle une grande consolation, et elle est bien reconnaissante de la permission que l'archevêque de *** lui a accordée de
communier tous les dix jours.

« Oh! ma bonne maman, je le crains bien,
nous n'avons plus maintenant d'espoir qu'en la
bonté de Dieu. La science a épuisé tous les remèdes, elle se reconnaît impuissante. Il y a trois
jours le résultat de la dernière consultation était
d'essayer de couper la fièvre avec du quinine. Si
ce moyen réussissait, on pourrait espérer; mais
il devait agir au bout de deux jours; nous sommes
au troisième, la fièvre redouble. Prions, ma
bonne maman, prions; Dieu est plus savant et
plus habile que les médecins. Mais s'il veut la
rappeler à lui, demandons qu'il lui donne la force
de faire jusqu'à la fin le sacrifice de sa vie. Pauvre
Angèle, combien cela lui est difficile! De quelque
côté qu'elle porte ses regards, ce sont partout
des êtres auxquels elle est si nécessaire! Son
mari qui l'adore et la soigne avec un si admirable dévouement, ses quatre garçons, Marie;
si vous voyiez ces pauvres enfants, maman, cela

vous fendrait le cœur. Ils sont si aimables, si intéressants, si bien élevés ; paraissent tant aimer leur mère. Si vous saviez comme ils sont reconnaissants de l'affection qu'on leur témoigne. Ah ! Dieu ne les abandonnera pas, et ce qu'il garde est bien gardé.

« Je relis tous les jours à Angèle la lettre de la mère *** ; elle paraît toujours plus résignée après l'avoir entendue.

« A bientôt, chère et bonne maman ; je ne sais au juste quel jour je reviendrai. Si mon séjour se prolongeait plus de trois jours encore, je ne manquerais certainement pas de vous donner des nouvelles de notre chère Angèle. Aussitôt mon retour je vous en porterai moi-même, bien triste d'avoir dit adieu à ma pauvre amie, mais bien heureuse encore d'avoir pu la revoir.

« 26 avril 1845. »

Peu de jours après son retour, 3 mai, Esther reçut de M. de P*** la lettre suivante :

« Armez-vous d'un courage qui me manque, madame, pour apprendre l'affreux événement qui m'a trouvé sans force pour supporter mon désespoir. Notre pauvre Angèle vient de nous être enlevée. Elle s'est envolée au ciel avec une ferveur et une résignation qui devraient être pour moi une consolation; son agonie a été douce et sans grandes souffrances. Elle est aujourd'hui dans le ciel dont nous avons vu sur son visage que les portes lui étaient ouvertes. Allez trouver ma pauvre petite fille; apprenez-lui qu'elle n'a plus de mère; mais en même temps apprenez-lui à prier pour elle. »

La courageuse mère d'Angèle, sa tante, écrivirent aussitôt les détails suivants :

« Samedi, 3 mai 1845.

« Hélas, ma chère et respectable mère, le sacrifice est consommé : ma chère fille a rendu son âme à Dieu aujourd'hui à deux heures. Jusqu'au moment où elle a perdu connaissance elle a été occupée de Dieu, prononçait avec la plus grande ferveur les noms de Jésus, Marie, Joseph, et baisait avec ardeur son crucifix. Son agonie a été assez douce : elle m'a témoigné une grande tendresse, m'a fait plusieurs recommandations à l'oreille en me tenant dans ses bras. Malheureu-

8.

sement sa voix était si éteinte que je n'ai presque rien entendu ; je sais cependant qu'elle m'a prononcé votre nom, celui de Marie, et m'a, je crois, recommandé de vous la laisser toujours. Où pourrait-elle être mieux que sous votre aile maternelle ! C'est auprès du lit de mort de cette chère enfant que je vous trace ces lignes ; mon Angèle y repose doucement, tranquille comme si elle dormait d'un paisible sommeil ; je vais passer cette nuit auprès d'elle avec ma sœur. Je n'ai pas besoin de la recommander aux prières de votre sainte maison. Adieu, ma bonne mère ; adieu, mère A***, mère S***, mère Saint-J***, qui écriviez à mon Angèle des lettres si touchantes et qui lui faisaient tant de bien ; conservez-moi une part dans vos prières et dans votre affection. »

Mme la marquise d'A***, tante d'Angèle, écrivait à Esther :

« Nous avons eu hier la douloureuse cérémonie du service de notre Angèle ; tout notre voisinage, tout le pays y était, car nous recevons de tout le monde les plus touchants témoignages d'intérêt ; notre pauvre petite était aimée et appréciée de tous ceux qui la connaissaient : et quel cœur ne sympathiserait pas au malheur de son mari, de ses enfants, de ma sœur, au nôtre?... Je ne sais ce que je vous ai écrit dans mes premiers moments de douleur et de trouble ; mais vous dites que vous avez eu peu de détails sur les derniers moments de votre amie : je vais revenir, madame, sur ce douloureux sujet sans craindre de me répéter.

« Nous l'avions trouvée si mal jeudi, avec une fièvre si ardente, qu'elle vit dans mes yeux plus d'inquiétude qu'à l'ordinaire : répondant à ma pensée, elle me dit : *Non, non, n'ayez pas peur.* Mais lorsque je partis, elle ajouta : *Recommandez à M. le curé de ne pas oublier que c'est après-demain samedi le jour où il doit venir me confesser et m'apporter la communion.*

« Le lendemain elle paraissait moins mal ; je restais près d'elle sans lui parler dans la crainte de la fatiguer, quand, rompant le silence, elle me dit tout à coup : *Ma tante, je ne reverrai plus Edgar* (mon fils qui voyage). Je tâchai de l'encourager, de lui donner quelque espoir de guérison ; mais elle reprit avec fermeté : *Non, non, ma tante, je ne le reverrai plus ; je me sens ; vous me croyez mieux que hier, eh bien! je suis plus mal.* Ce furent les dernières paroles qu'elle m'adressa avec un tendre adieu quand je la quittai. Son mari, qui la veillait comme de coutume, l'entendit répéter souvent son *confiteor* et dire à plusieurs reprises : *Je ne suis pas digne de communier; non je ne le mérite pas.* Le matin, dans son illusion, il ne la croyait pas plus mal qu'à l'ordinaire. Elle demanda plusieurs fois pourquoi le curé n'arrivait pas ; pendant cette attente, tout à coup elle s'écria : *Maman, je me meurs.* Ma sœur la prit entre ses bras, lui dit que c'était sans doute une crise comme elle en avait déjà eu plusieurs ; puis, inspirée d'en haut, elle ajouta : Mais si c'était Dieu qui te rappelât à lui, ne lui ferais-tu pas le sacrifice de ta vie? — Oh! oui, oui, je le lui offre, je me soumets à ses volontés, je les adore. — Elle prit son crucifix, le baisa avec ardeur, sa pauvre mère continuant à l'exhorter, et elle priant et souriant aux paroles de sa mère, qui lui montrait la place qui l'attendait au milieu des anges. Ce fut à cet instant que son malheureux mari, qui avait été près des enfants, rentra. Ma sœur lui fit signe de s'éloigner ;

mais lui, frappé de terreur, s'approcha du lit, et tomba aussitôt comme foudroyé : il avait vu qu'Angèle allait mourir. Elle avait entendu le cri de son pauvre mari; elle l'avait vu tomber, et une espèce de convulsion agita ses traits.

« Le curé arriva alors ; elle pouvait à peine prononcer un mot ; mais elle entendait encore ; elle parut pleine de joie quand, lui donnant l'absolution de toutes les fautes de sa vie , il ajouta qu'il allait lui appliquer les indulgences de la bonne mort. Elle répéta plusieurs fois avec beaucoup de difficulté les noms de Jésus, Marie, Joseph ; ce furent ses dernières paroles : l'agonie était commencée quand on lui donna l'extrême-onction : depuis elle ne donna plus signe de connaissance. J'allais d'elle à son malheureux mari, qui était dans la pièce voisine et dans un état affreux : il me demandait de prononcer son nom pour voir si elle l'entendrait encore ; mais non , toute connaissance était éteinte. Il voulut pourtant encore la voir ; mais à la vue de ses traits décolorés, de ses yeux fixes et éteints , ses forces l'abandonnèrent encore ; il tomba sans mouvement, il fallut l'emmener. Notre pauvre

Angèle expira à deux heures doucement et sans souffrances. Son mari me demanda en grâce de la lui laisser voir une dernière fois. J'étais restée près d'elle avec sa mère ; notre pauvre petite semblait dormir ; mais, craignant l'effet que cette vue pouvait encore produire sur M***, je lui couvris le visage et ne laissai voir que ses deux pauvres petites mains jointes. Oh ! madame , je crois que le moment le plus affreux de toutes ces scènes de douleur fut celui où mon malheureux neveu s'est prosterné près de ce lit avec un désespoir si déchirant et en même temps si religieux que ce souvenir restera toujours gravé dans mon cœur. Nous l'avons bientôt arraché de cette chambre, et A*** l'a emmené à M*** avec les enfants.

Je suis restée à la V*** avec ma sœur, qui a voulu veiller sa fille après comme avant sa mort ; elle a eu la force de suivre le convoi funèbre ; les jeunes filles de M*** l'accompagnaient vêtues de blanc, six d'entre elles ont voulu la porter elles-mêmes. Qu'elle est triste maintenant cette pauvre petite V*** et qu'on y passe de pénibles jours ! »

Les anciennes compagnes d'Angèle sentirent vivement comme nous cette perte, et nous écrivirent les lettres les plus touchantes. Nous citerons ici le passage suivant de celle de l'une de ses plus intimes amies :

« Vous seule, chère maman, savez comme moi ce que valait une telle amie ; devant vous je puis pleurer en toute liberté ; vos larmes répondront aux miennes. Quel ange ! quelle vertu ! quel esprit de foi ! Oui, maman, c'était là surtout le trait saillant de son caractère et de son esprit religieux. Angèle n'était pas entraînée par les consolations et les attraits qui enlèvent certaines âmes. Son naturel était violent, fier, orgueilleux, d'une ardeur excessive dans ses affections ; la foi l'a fait triompher de tous ses mauvais penchants ; elle s'est imposé les plus grands sacrifices, toujours guidée par cet esprit de foi et par cette droiture si ferme qui a toujours été remarquée en elle. Pauvre amie, avec elle je serais devenue une sainte, mais la route eût été trop douce ; aussi Dieu l'a-t-il voulu couronner avant le temps. Je puis le dire, chère maman, Angèle est le plus parfait modèle, le plus chrétien, à offrir à une

8.

jeune femme dans le monde : immolant tout au devoir, bravant les préjugés reçus, préférant les plus pénibles sacrifices à la seule pensée d'offenser Dieu, même légèrement. Elle a été mon modèle ; elle a excité mon admiration. »

Un dernier trait, que nous rapporta plus tard sa vertueuse mère, prouvera combien Angèle sut jusqu'à la fin pratiquer la vertu et faire abnégation de ses propres idées. On citait devant elle dans sa dernière maladie la mort édifiante d'une personne qu'elle avait connue, disant entre autres choses qu'elle ne recevait aucun médicament sans faire religieusement le signe de la croix. Angèle, qui comprenait si bien le mérite des moindres actions offertes à Dieu, aimait peu les marques extérieures de dévotion : « On peut faire tout cela intérieurement, dit-elle. — Mais, reprit-on, ces signes extérieurs édifient, et sont enseignés par l'Église. » Depuis on remarqua qu'elle ne reçut aucun soin sans faire exactement le signe de la croix.

Peu de jours après ces tristes et édifiants détails, nous reçûmes les deux lettres suivantes, l'une de M. de ***, l'autre de cette chère Angèle ;

précieux témoignage des sentiments qui animaient ces deux âmes si dignes l'une de l'autre, et que nous laisserons aux enfants d'Angèle comme un dernier gage de l'amour que leur portait une mère si digne de leurs regrets.

La V***, le 5 mai 1845.

« Madame la Supérieure,

« J'ai l'honneur de vous envoyer une lettre contenue dans le testament de cette pauvre Angèle. Quel qu'en soit le contenu, je prends l'engagement de me soumettre entièrement à sa volonté ; ainsi, madame, soyez assez bonne pour penser que c'est au mari d'Angèle, dont vous avez si bien su diriger les premiers pas, dont vos saintes instructions ont fait une sainte qui prie aujourd'hui pour nous, que vous dictez une règle de conduite pour l'éducation de ses enfants, que vous marquez les voies qu'il faut suivre pour les faire marcher sur les traces de leur sainte mère, afin qu'ils arrivent comme elle à ce moment suprême avec ce calme et cette résignation que la religion seule peut donner. »

« Angèle vous a légué ce cœur que vous aviez

si bien formé ; il vous sera envoyé aussitôt qu'il aura été embaumé. Daignez continuer votre ouvrage, madame, et inspirer à cette pauvre Marie toutes les vertus que vous aviez si bien su inculquer à sa mère. J'avoue que, moins fort et moins résigné qu'elle, je n'ai pas encore pu me soumettre à cette volonté du ciel qui fait de moi un homme au désespoir qui n'ai pas même le courage de supporter ma douleur. Je me suis fait illusion jusqu'au dernier moment, et quand cet affreux événement est venu me frapper, il m'a trouvé sans forces et m'a anéanti. Plus heureuse que moi, ma belle-mère est soutenue par une force surhumaine qui l'a aidée à rendre moins pénible à ma pauvre Angèle sa séparation de tout ce qui lui était cher.

« Je n'essaierai pas, madame, de vous exprimer toute ma reconnaissance de vos bontés pour ma fille : n'êtes-vous pas sa mère ?

« Je suis, etc. »

La lettre d'Angèle était datée du 13 août 1842.

« Lorsque vous lirez cette lettre, ô maman, les mains qui l'ont tracée seront immobiles ; et, ce qui m'étonne encore davantage, le cœur qui vous a tant aimée sera glacé, même pour vous. O maman, où serai-je ? Dieu me fera-t-il miséricorde ? j'ai été si ingrate envers lui ; j'ai si peu contribué à le faire aimer ! Priez , faites prier pour moi : si je suis sauvée je vous le devrai. Merci donc, maman, merci, mes bonnes mères, et adieu! Je quitte en vous ce que j'aimais tant sur la terre ; mais je veux vous laisser d'autres moi-même. Oui, maman, oui, mes bonnes mères , devant Dieu qui m'entend, devant Marie, votre mère et la mienne, je vous lègue mes enfants, je vous donne charge de leurs âmes. J'ai prié mon mari de faire élever mes fils chrétiennement ; je vous supplie ; chère maman , de lui rappeler en temps et lieu que c'est cette assurance qu'il m'a fallu pour mourir tranquille. Quant à ma fille ou mes filles , car peut-être sera-ce une fille qui me coûtera la vie, c'est à vos genoux que je viens vous supplier, que je demande à toute la communauté de les adopter : faites-les venir auprès de vous aussitôt qu'elles auront l'âge où vous croirez pouvoir vous en charger. »

« Je ne sais comment Dieu après moi disposera de notre fortune ; mais mon mari est noble et délicat, il fera pour ses enfants tout ce qu'il pourra. J'abandonne donc mes enfants à votre providence, ô mon Dieu, et je les mets entre les mains de son image sur la terre. »

« Adieu, maman, adieu, mes bonnes mères, ma dernière heure sera adoucie par la pensée de vous confier mes enfants ; priez Dieu pour moi, priez *souvent, instamment et longtemps*, car je crois que sa justice sera longue à satisfaire. Si je vis dans le sein de Dieu, vous devez penser quelles seront mes prières pour les mères des pauvres orphelins. »

Toute réflexion serait ici superflue et ne pourrait qu'affaiblir l'impression produite par de pareils sentiments. Ces lettres, ces détails, ce précieux don du cœur de notre Angèle, nous arrivèrent au commencement de la retraite de première communion et contribuèrent puissamment à en assurer le fruit. Les larmes de toute la maison accompagnèrent la lecture de ces touchants écrits, qui justifiaient si bien l'estime et l'attachement que nous avions voués à cette enfant.

Le cœur de notre chère Angèle repose, selon ses désirs, dans cette chapelle des Enfants de Marie où si souvent pendant sa vie elle était venue confier ses peines à la sainte Vierge et solliciter son secours. Ses mères, ses compagnes aiment à venir prier en quelque sorte avec elle, s'unir aux sentiments de ce cœur, qui semble les exhorter encore à l'amour de Marie qu'il a tant aimée.

Nous fîmes imprimer et distribuer, en souvenir de cette chère enfant, sur de pieuses gravures, ces paroles de l'Écriture sainte, qu'il était si naturel de lui appliquer :

« Mes saints, qui dans les jours de votre mor-
« talité avez livré de généreux combats, je se-
« rai moi-même votre récompense infiniment
« grande. » (*Gen.*, xv, 1.)

« La nuit est passée, le jour s'est approché,
« levez-vous, ma bien-aimée ; venez, et reposez-
« vous dans le cœur de Jésus, que vous avez
« connu, que vous avez aimé, dans lequel vous
« avez mis votre confiance et votre amour. »
(*Rom.*, xiii, 12 ; *Cant.*, xi, 10.)

« Chers enfants, je vous en prie, regardez le
« ciel, où vous attend celle qui vous a tant aimés ;
« pourrait-elle vous oublier jamais ? Et vous, per-
« driez-vous le souvenir des gémissements de vo-
« tre mère ? » (*Marc.*, II, 28 ; *Is.*, XLIX, 15 ;
Eccl., VII, 29.)

O Marie ! ceux qui vous louent auront la vie
éternelle. »

MARIE DE P***,

Décédée le 1er juin 1847. — Âgée de 6 ans.

La petite Marie *de la sainte Vierge*, Marie de P***, est allée rejoindre sa mère du ciel et sa petite maman Angèle. Nous l'avons pleurée, elle aussi, et cependant la foi nous disait qu'il fallait nous réjouir ; car c'est un Ange de plus au ciel, un fleuron à la couronne de cette mère si chrétienne qui avait formé pour Dieu le cœur de cette enfant, avant même que sa raison pût aider sa foi. Disons cependant que, douée d'une intelligence peu commune, Marie était bien plus développée que ne le sont communément les enfants dans un si jeune âge. Le triste événement qui suivit de près son entrée au couvent, la mort de sa mère, nous le prouva. Marie n'avait alors

que quatre ans, et cependant elle sentit ce coup
affreux comme aurait pu le faire une personne
qui se serait rendu compte de tout ce qu'il entraînait de suites pour l'avenir. On eût dit que
les Anges, qui se plaisent sans doute à entretenir commerce avec ceux qui leur ressemblent,
lui avaient révélé ce triste événement. Déjà
longtemps avant, elle semblait en avoir le pres-
sentiment sans que rien semblât le motiver. Un
jour qu'elle était dans le jardin, jouant avec des
enfants de son âge, tout à coup elle s'arrête et
fond en larmes. Qu'avez-vous donc, ma petite
Marie? lui dit la mère Eugénie. — Ah! bien sûr,
je ne reverrai plus ma petite maman. — Mais
elle va mieux que jamais. — Eh bien! je vous
dis que je ne la reverrai plus. — Paroles qu'elle
répéta différentes fois avec un accent de tristesse
et une conviction qui nous étonnèrent. Lorsqu'en effet Marie sut la maladie de sa mère,
chaque jour elle en demandait des nouvelles avec
anxiété, puis elle se retirait toute triste à l'écart
et récitait pour sa petite maman tout ce qu'elle
savait de prières, l'*Ave Maria* surtout, qu'elle
recommençait avec une sorte d'importunité et

avec une ferveur qui attendrissait les personnes témoins de ce spectacle.

Lorsqu'enfin nous sûmes la triste réalité du fait, la mère Eugénie prit sur ses genoux la pauvre petite orpheline, et n'osant lui prononcer le terrible mot, elle se contenta de lui dire simplement : — Marie, votre petite maman est allée au ciel. — Ah ! répondit-elle aussitôt, elle est donc morte? je ne la reverrai donc plus? et ses larmes coulèrent. Pourtant j'avais récité tant d'*Ave Maria* pour elle! — O ma chère Marie ! vous avez été exaucée; voyez, votre petite maman aime bien mieux être avec le bon Dieu et la sainte Vierge que d'être restée sur la terre. — Et moi, qu'est-ce que je deviendrai? Resterai-je ici? — Je ne sais. — Cette réponse paraissant l'attrister, la mère Eugénie s'empressa d'ajouter : Vous êtes si jeune que sans doute on vous laissera avec nous. Elle parut se ranimer, et voulut qu'on lui répétât encore cette sorte de promesse, demandant à la mère Eugénie si vraiment elle l'espérait. Sur la réponse affirmative de celle-ci, — Quel bonheur! reprit la petite Marie.

Sa douleur fut sans doute celle d'une enfant

qui joue après avoir pleuré, douleur sans suite
et qui ne sait pas encore se faire comme un
besoin et une consolation de tout ce qui peut la
nourrir et l'entretenir; mais toute naïve qu'elle
fut, sa sensibilité ne fut pas l'impression du
moment; jusqu'à son dernier jour, Marie en
donna des preuves, et toujours le souvenir de sa
mère fut vivant dans son cœur. Il s'en échappait
en toute circonstance sans préparation, on dirait
presque sans sujet.

Un jour, se mettant à table, il lui fut impossible de dîner, les larmes inondaient ses joues :
— Eh bien! Marie, êtes-vous donc malade; souf-
frez-vous? — Oh! non. Eh bien! qu'est-ce donc?
— Longtemps elle se refusa à déclarer le motif
de son chagrin, puis elle dit : — Ah! je pense
que maintenant mon petit papa dîne tout seul!
— Et ses pleurs augmentèrent. Au milieu de ses
jeux, si cette triste pensée de sa mère venait à
la saisir, on la voyait tout à coup demeurer im-
mobile; puis les larmes annonçaient bientôt le
sujet de ses préoccupations. Souvent elle arrêtait
ses regards vers le ciel, et appelait celle qu'on
lui avait dit habiter cette heureuse demeure. On

l'entendait s'écrier : MAMAN, MAMAN ! —Étonnée qu'elle ne répondît point à sa voix : — Je vous en prie, dit-elle un jour à la mère Eugénie, demandez donc à ma petite maman qu'elle passe seulement la tête à travers les nuages, afin que je la voie.

Un jour de première communion, tout étonnée du spectacle qu'elle avait sous les yeux, elle ne pouvait détacher ses regards des heureuses enfants admises à la table sainte ; puis, les voyant aller au parloir embrasser leurs parents : — Celles-là, elles sont bien heureuses, le bon Dieu leur a laissé leur petite maman, et moi!..... Aussi, j'aime bien la sainte Vierge ; mais je n'aime pas tant le bon Dieu.

Nos sœurs tourières faisaient quelquefois sortir dans Paris la petite bande d'enfants confiées aux soins de la mère E***. Dans une de ces excursions, il arriva qu'on passa devant un cimetière. Marie, qui était fort questionneuse, comme tous les enfants intelligents, voulut savoir ce que signifiaient ces pierres, ces monuments, ces croix. Elle revint fort triste, et, dans la soirée, des larmes s'échappaient à chaque instant de ses yeux. On lui en demanda la raison. — Ah! maintenant je sais bien ; on a mis ma petite maman dans la terre, comme dans ce cimetière : elle doit être bien mal, là. — Aucune des explications qu'on lui donna pour la réconcilier avec cette idée ne put la satisfaire pleinement, et souvent revenait à son souvenir cette triste demeure qu'elle ne pouvait encore allier aux joies de l'âme dans le ciel.

Marie semblait avoir reporté cette affection si tendre qu'elle avait pour sa mère sur son excellent père, et chaque visite qu'elle recevait de lui était pour elle comme un jour de fête. — Souvent aussi elle parlait de ses frères : des deux aînés avec une sorte de fierté ; du plus jeune, Gabriel, d'un ton de protection : — C'est un tout petit enfant qui marchait à peine quand j'étais à la V*****. — Elle n'avait point connu le dernier de tous. — Il ne vécut qu'un an ; de violentes convulsions l'enlevèrent presque subitement. Quand M. de P*** annonça à Marie que le petit Octave était allé rejoindre sa mère au ciel. — Eh bien! papa, dit Marie, pourquoi donc le bon Dieu fait-il des petits enfants, et puis les fait-il mourir? — C'est pour les rendre plus heureux dans le ciel, et aussi pour éprouver leurs parents, — répond le pauvre père, comprimant son émotion. Marie avait dit encore à une autre personne, à ce sujet : — Moi, je n'ai plus de petite maman, le bon Dieu l'a prise avec mon petit frère Octave. Il en prend trop, le bon Dieu.

Si les premières affections de Marie étaient pour ses parents, son cœur reconnaissant s'attachait vivement aussi aux personnes qui les lui remplaçaient, à la mère Eugénie surtout qui veillait sur elle le jour et la nuit avec une sollicitude si tendre. S'il arrivait que Marie se fût oubliée un instant en faisant la volontaire, elle ne savait comment le faire oublier : c'étaient alors de la part de cette enfant mille prévenances, mille attentions délicates ; et, non contente du baiser de réconciliation obtenu, elle saisissait la main de la bonne mère, qu'elle portait à ses lèvres avec empressement. La mère Eugénie vint à tomber malade : Marie ne put se faire à ne plus la voir ; elle trouvait moyen de s'informer d'heure en heure s'il ne lui manquait rien. — Je pleure bien souvent depuis que vous êtes malade, lui dit-elle en confidence ; mais je me cache dans un petit coin, afin qu'on ne s'en aperçoive pas.

Toutes les personnes employées auprès d'elle, à quelque titre que ce fût et dont le dévouement avait fait ses preuves, avaient part à son amitié reconnaissante, et leurs souffrances ne la trouvèrent jamais indifférente. La bonne sœur G***, qui secondait la mère E*** dans le détail des soins matériels qu'exigeait ce petit détachement séparé du pensionnat, fut aussi retenue au lit. Un jour, après son dîner, Marie s'échappe, monte plusieurs étages, vient embrasser la bonne sœur en grande hâte, lui demandant si elle avait de la tisane. Au retour, la mère Eugénie l'ayant reprise, Marie ne dit pas un mot pour s'excuser ni pour expliquer le motif de son absence.

Cependant, cette enfant s'attachait difficilement et à peu de personnes : ni caresses ni présents ne gagnaient son amitié ; il semblait qu'elle se fût, si jeune encore, rendu compte des véritables titres auxquels on pouvait se faire un droit à son affection. Aussi lui fallait-il quelque temps pour s'accoutumer à de nouveaux visages.

Ses parents, les amis de sa famille qu'elle ne voyait qu'en passant, ne recevaient donc pas toujours d'elle ces caresses dont les enfants sont quelquefois si prodigues ; et, bien qu'elle fût aussi naturelle et aussi naïve que le comportait son âge, on avait lieu de ne pas la trouver assez expansive. Un jour qu'elle devait sortir avec une personne qu'elle connaissait peu, la mère E*** crut devoir lui faire sa petite leçon. Surtout, Marie, vous ne parlerez pas de nous, et vous ne demanderez pas de rentrer trop tôt, ce serait peu aimable pour les personnes qui vous témoignent tant d'amitié. — C'est bien difficile, mais je le ferai, répondit Marie en poussant un gros soupir.

Si quelqu'une de ses compagnes venait à se faire le moindre mal, elle s'y montrait compatissante ; l'une d'elles, un jour, s'étant légèrement brûlé le doigt au moment du dîner, Marie se mit à pleurer, et il lui fut impossible de manger. Ces sortes d'accidents la trouvaient elle-même d'une énergie bien au-dessus de son âge. Il arriva une fois qu'elle eut le doigt pris et affreusement écrasé dans un tiroir de commode poussé avec force. Après le premier cri de surprise, elle ne jeta pas une larme, et, comme on l'engageait à ne point se contraindre dans les pansements pénibles qui suivirent cet accident : — Quand je pleurerais, répondait-elle avec cette raison qui étonnait toujours dans une enfant si jeune, cela ne me guérirait pas.

A la suite de la rougeole, ses yeux devinrent si malades, qu'elle ne pouvait supporter le jour. Souffrant presque jour et nuit, jamais elle ne se plaignait, et l'oculiste, l'ayant soumise à un traitement qui arrachait des plaintes à des personnes faites, ne pouvait comprendre le courage de cette enfant, qui ne poussait pas un soupir, se contentant de mordre ses lèvres quand le mal devenait plus violent.

Avec un caractère si prononcé et une volonté si forte, Marie était cependant facile à conduire ; car elle avait un jugement naturellement droit et une raison précoce. Comprendre ses torts et les reconnaître était pour elle une même chose ; aussi était-il bien rare qu'elle s'entêtât comme il est si ordinaire aux enfants. Son obéissance était à l'épreuve des tentations les plus délicates à son

âge : La mère Eugénie l'a dit, la mère Eugénie
l'a défendu ; c'était là pour elle la règle infail-
lible de ses jugements et de ses actions. On lui
offrait un jour des bonbons au parloir, insistant
pour lui en faire manger au moins quelques-uns.
Or, la mère Eugénie avait défendu, une fois pour
toutes, aux petites filles, dans l'intérêt de leur
santé, de rien manger entre leurs repas sans le
lui avoir demandé. — Non, je ne veux pas, je
n'ai pas la permission, fut toute la réponse de
Marie aux offres tentantes qui lui étaient faites.
— Mais ici ce sont les parents qui donnent la
permission. — C'est égal ; — et elle refusa si constamment qu'il fallut céder. Toutes les fois qu'elle
emportait du parloir quelques bonbons ou gâ-
teaux, elle ne les regardait même pas, et n'en-
tr'ouvrait pas la boîte qu'elle ne fût arrivée près
de la mère Eugénie. Une obéissance si exacte
serait certainement admirable dans un âge plus
avancé.

Marie avait un cœur généreux ; elle aimait à
donner, et ne se réservait même rien pour elle
dans ses distributions. Si l'on venait à lui refuser, ou si l'on faisait semblant de prendre les

bonbons qu'elle offrait, elle se montrait réellement mécontente, disant : — qu'elle ne donnait pas pour reprendre. — Pendant sa dernière maladie, elle se fit apporter tous ses joujoux, et voulut qu'on les distribuât aux petites filles qui avaient partagé avec elle les soins de la mère Eugénie. Elle désigna surtout parmi elles deux petites sœurs récemment entrées, et dont naturellement elle eût dû être un peu jalouse, les soins qu'elles exigeaient enlevant souvent à la mère Eugénie le temps qu'elle eût pu consacrer à visiter sa petite malade à l'infirmerie.

Marie se faisait déjà une idée si juste de ce qu'exige le devoir, qu'on était surpris des remarques qui sortaient de sa bouche en mille occasions. Un jour que pendant les vacances elle jouait au jardin non loin de la Communauté, les vêpres venant à sonner, tout le monde s'y rendit excepté la mère chargée de surveiller le petit pensionnat, et la mère supérieure. Celle-ci ayant un rendez-vous à cette heure, récitait son office en se promenant. Marie s'approche d'elle d'un air étonné et lui dit : — Puisque toutes les autres sont à la chapelle, pourquoi donc que vous n'y allez pas? — La petite questionneuse n'avait encore que quatre ans et quelque mois.

Elle exerçait sur ses compagnes cet ascendant qu'entraîne une supériorité d'intelligence marquée et dont les enfants comme les personnes faites subissent naturellement l'empire. Elle était la directrice de tous les jeux, le conseil dans les doutes et dans les contestations. La mère Eugénie rit de bon cœur entendant un jour l'explication suivante donnée par notre casuiste : — On dit que c'est le bon Dieu qui fait tout; lui objectait une de ses compagnes : quand j'ai été longtemps assise, j'ai les jambes tout engourdies; est-ce que c'est le bon Dieu qui fait cela? — Crois-tu donc, reprend le docteur de cinq ans, que le bon Dieu descend du ciel pour t'engourdir les jambes? marche et tu verras.

Marie avait des idées de délicatesse qui naturellement ne devaient pas venir à l'esprit d'une enfant. Ses petites compagnes admiraient un jour un fort joli joujou qui lui avait été donné dans une sortie par une de ses parentes — Il est très-joli, dit-elle en confidence à la mère Eugénie, mais il y en avait de bien plus beaux dans la bou-

tique où on me l'a fait choisir : j'ai pris celui-
là parce que je pensais que les autres auraient
coûté trop cher.

Marie avait déjà ce sentiment de sa dignité qui,
poussé trop loin, peut devenir orgueilleuse fierté,
mais qui, renfermé dans de justes limites et tem-
péré par la religion, devient un rempart contre
bien des fautes et un puissant mobile à de grandes
vertus. Elle reçut un jour la visite d'une de ses
petites parentes à peu près de son âge. La toilette élégante de l'enfant parut la frapper. Elle la
regardait en silence, mais plutôt avec plaisir que
d'un air d'envie. Un petit mouchoir imprimé paraissait surtout fixer son attention. La mère de
l'enfant qui s'en aperçut dit à Marie que si ce
mouchoir pouvait lui faire plaisir, sa cousine serait joyeuse de le lui offrir. A cette proposition,
Marie se recule d'un air délibéré, mettant ses petites mains derrière son dos en signe de refus.
Cependant on insistait : alors Marie tire son
mouchoir de sa poche, disant : — Moi aussi,
j'ai un mouchoir, je n'ai pas besoin de celui-là.
— Mais, Marie, sur le tien n'est pas représentée
la fable du renard et du corbeau. — Qu'est-ce

que cela fait? je me mouche tout de même avec;
garde le tien, je te dis que je n'en ai pas besoin;
— et Marie replaçait ses mains derrière son dos.
La religieuse témoin de cette singulière scène
fait observer à Marie qu'il est peu aimable de refuser les petits présents faits de si bonne grâce;
qu'une enfant bien élevée doit les accepter comme
souvenir d'amitié. — Alors, reprend Marie avec
une logique déconcertante : — Si je prends son
mouchoir, il faut qu'elle prenne aussi le mien
pour se souvenir de moi.—Mais, mon enfant, le
vôtre a fait son service, et celui de votre cousine
est blanc, sans cela elle ne vous l'offrirait pas.
— Hé bien! ma mère, portez-le, s'il vous plaît,
à la mère Eugénie. — Et il fut impossible de terminer le débat d'une manière plus conciliante.

Les pensionnaires ont ce défaut, commun à
tant de personnes d'un âge plus avancé, d'aduler,
de gâter les enfants outre mesure, puis de les
délaisser subitement, souvent même de se plaire
à les contrarier sans raison ni motif; conduite
qui aigrit le caractère de ces innocentes créatures, et finit quelquefois par changer leur naturel; aussi était-ce pour éviter ce grave incon-

vénient que la petite bande d'enfants au-dessous
de sept ans qui nous était alors confiée se trouvait complétement séparée du pensionnat : cependant, il arrivait de temps en temps que les
élèves ne pouvaient résister au plaisir de caresser
et de faire causer ces enfants, dont la naïveté et
l'innocence ont tant de charmes. Marie, qui avait
autant de sensibilité que de fermeté de caractère,
cherchait peu ces témoignages d'amitié; elle n'y
était pas indifférente, mais elle savait s'en passer.
— Elle avait tant de titres à l'affection, et par le
souvenir de sa mère, et par ce grand sens qui
étonnait en elle, joint à toutes les grâces de son
âge, qu'il avait fallu en venir à de sérieuses in-
jonctions pour empêcher les élèves de la gâter.
Ce changement de conduite n'échappa point à
la perspicacité de Marie, bien qu'elle ne pût pas
se rendre compte des motifs qui l'avaient amené.
— C'est bien drôle, dit-elle un jour : autrefois,
ces demoiselles m'appelaient toujours pour m'embrasser, pour me faire sauter; maintenant, elles
me laissent passer sans rien me dire : mais c'est
tout de même. Vous, mère Eugénie, vous m'aimez
toujours. — Si cette exclamation laissait aperce-

voir son désappointement, elle révélait aussi son excellent cœur.

La piété chez cette enfant ne pouvait être encore qu'un instinct, que l'application naïve des leçons et des exemples qui lui étaient donnés ; mais tout enseignement chrétien germait si naturellement dans son âme que de si heureuses prémices pouvaient tout faire augurer pour l'avenir. Quand elle priait, c'était avec une application remarquable, et rien n'aurait pu alors déconcerter sa gravité ; aussi, dans la dernière et l'unique confession qu'elle fit de sa vie, n'eut-elle rien à se reprocher sur cet article. La mère Eugénie ne crut pas même qu'il y eût pour cette enfant matière à examen sur le respect et l'attention dans les prières.

Lorsqu'on la conduisait à la messe ou au salut, elle récitait son chapelet, distribuant les *Ave Maria* pour toutes les personnes qui avaient droit à ses prières, ou qui les lui avaient demandées. Elle s'étonnait qu'on pût tourner la tête à la chapelle, ou jouer comme font les enfants avec les petits objets de piété mis entre leurs mains. Plus d'une fois, il lui arriva de marquer à ses jeunes compagnes son étonnement de leur tenue peu respectueuse à la chapelle. — Vous ne savez donc pas, disait-elle, que le bon Dieu est là, et qu'il vous voit. Il n'est pas content, et il ne vous accordera pas ce que vous lui demandez, si vous le demandez si mal.

Aux principales fêtes de Notre-Seigneur et de la sainte Vierge, on avait soin de raconter à cette bande innocente les détails que comportait leur intelligence, et l'on y joignait pour plus grand éclaircissement de grandes et belles gravures représentant la fête ou le mystère, enseignement le plus propre de tous à frapper ces imaginations mobiles. Marie goûtait fort cette méthode, et voulait souvent mettre en action ce qu'elle avait vu. Un jour donc de la Présentation de la sainte Vierge, la mère Eugénie, conduisant sa petite bande à la chapelle, est bien étonnée de voir Marie s'avancer toute seule vers le sanctuaire. — Que faites-vous donc, mon enfant? — Mais je fais comme la sainte Vierge : vous savez bien qu'elle s'est présentée au temple à trois ans.

Marie manquait rarement l'occasion de 'em-

parer du grand crucifix que portent les religieuses à leur chapelet, et cette image sacrée,
qu'il nous arrive si souvent peut-être de regarder
avec distraction, semblait pour elle une prédica-
tion muette dont son cœur lui donnait l'intelligence. Elle caressait les mains et les pieds cloués
de Notre-Seigneur, et les baisait avec une affection naïve qui touchait les personnes témoins de
ce spectacle.

Un jour des Morts, elle se montra toute préoccupée de ce qu'on lui avait dit des souffrances
des âmes du purgatoire. Il fallut à toute force
qu'on lui accordât de manger son pain sec au
déjeuner ; et le motif de cette pénitence était tel
qu'il aurait été impossible de s'y refuser : — On
m'a dit que ma petite maman avait été bien
sage, mais qu'aussi étant petite, elle avait été
méchante. C'est pour elle que je veux manger
mon pain sec.

Marie avait hérité de sa mère cette tendre com-
passion pour les pauvres qu'on aime à voir se
manifester dans les enfants comme l'un des in-
dices les moins équivoques de la bonté du cœur.
Quand elle rencontrait quelqu'une des enfants de

nos classes gratuites, il fallait qu'on lui permît de s'en approcher et de leur adresser quelque mot d'amitié. S'étant vue pendant sa maladie en posssesion d'une pièce de cent sous que lui avait donnée son père, elle crut avoir un trésor inépuisable, et son excellent cœur lui en avait déjà dicté l'emploi. Elle se promettait d'habiller elle-même une petite fille, de lui acheter souliers, bas, robe, etc.

Les études de notre jeune bande se bornaient aux premiers éléments; et telle était l'émulation, l'aptitude de Marie, qu'il fallait bien plutôt modérer son ardeur que la stimuler. Aussi à six ans, et malgré ses maux d'yeux, savait-elle très-bien lire, écrivait couramment, et avait enrichi sa mémoire de toutes ces notions qu'on peut donner aux enfants en éveillant leur curiosité sur les différents objets qui se présentent à leur vue. Il était rare au reste que Marie ne vînt pas elle-même au-devant des explications, car déjà son esprit sérieux et réfléchi voulait se rendre compte de toutes choses.

Elle avait eu le plaisir d'aller une fois revoir ses chers parents à M***, où elle avait passé un mois entier. Ce séjour au sein de sa famille, nous le désirions, car dans un si jeune âge , l'affection s'entretient surtout par ces rapports fréquents. que de courtes visites ne peuvent remplacer. La pauvre enfant eut bien de la peine à se séparer de la mère Eugénie : c'étaient des soupirs et des larmes dont on crut un moment ne pouvoir triompher. Elle faisait quelques pas vers la personne qui devait l'emmener, puis se cramponnait à la bonne mère Eugénie, qui épuisait en vain sa rhétorique pour lui faire comprendre qu'elle reviendrait bientôt, et que tant d'affliction pouvait faire de la peine à des parents qui l'aimaient si tendrement et qu'elle allait avoir le bonheur d'embrasser. Ce qui nous consola à son retour, c'est que Marie, après avoir goûté les douceurs de la maison paternelle, eut autant de peine à revenir qu'elle en avait témoigné au départ. Elle s'était montrée charmante pendant ce séjour dans sa famille ; et plus d'une fois ses parents avaient remarqué avec bonheur tout ce qu'il y avait déjà de bonté dans son âme et de délicatesse dans sa manière de sentir. Elle avait été atteinte, pendant ces trop courtes vacances,

d'une rougeole fort bénigne. M. de P***, qui ne
consentait à se reposer sur personne des soins que
réclamait sa chère petite fille, voulut la veiller
lui-même, et au moindre mouvement qu'elle faisait, il était près d'elle. Marie s'en montra affligée.
— Papa, lui disait-elle, pourquoi vous lever si
souvent? vous serez fatigué, — et elle réprimait
autant qu'il lui était possible la toux qui inter-
rompait le sommeil de son excellent père. Ce qui
toucha aussi singulièrement les siens, ce fut la
part qu'elle sut prendre à l'affliction d'une de ses
tantes qui venait de perdre une fille longtemps
désirée et tendrement aimée. — Elle était bien
heureuse votre fille, lui disait-elle, vous l'aimiez
beaucoup ; eh bien, ma tante, pour vous conso-
ler, habillez-moi comme elle ; je ferai tout ce
qu'elle faisait, je vous aimerai aussi comme elle,
et vous me prendrez pour votre petite fille. —
Aussi suivait-elle cette chère tante pas à pas, la
tenant par sa robe, sans vouloir la quitter un
instant.

Cette aimable enfant nous était revenue, mais
nous ne devions pas jouir longtemps du plaisir
de former en Marie une autre Angèle. Sa mère

la rappelait du haut du ciel. Depuis quelque temps on s'apercevait qu'elle souffrait et dépérissait. Son sommeil était agité et des douleurs de tête presque continuelles lui avaient enlevé cette gaieté et cette activité qu'elle apportait d'ordinaire au jeu comme au travail. On tenta tous les moyens que peut indiquer la médecine, mais en vain. Sa maladie était une fièvre muqueuse catarrhale, compliquée par la dentition. Le lundi de Pâques il fallut la coucher à l'infirmerie. Grande désolation pour la pauvre petite malade qui n'avait jamais quitté la mère Eugénie. Mais déjà son cœur et son intelligence lui avaient fait comprendre que toute personne qui se dévouait auprès d'elle avait droit aux témoignages de son affection. Aussi, après le premier moment d'affliction apaisé, s'efforçat-elle de faire oublier en quelque sorte à la mère infirmière les pleurs versés en venant près d'elle. Quand la mère Eugénie tardait à la visiter, elle ne savait par quelles expressions lui témoigner son affection; mais si la mère Sainte-Marie se trouvait présente, elle les embrassait tour à tour et les caressait de ses petites mains disant à l'infirmière : — Maintenant, j'aime toujours la mère Eugénie , mais je vous aime bien aussi. — Je prie bien le bon Dieu pour vous, ajouta-t-elle un jour, parce que vous êtes bien bonne ; — et elle écrivit de sa main avec un crayon : Je prie la sainte Vierge tous les jours pour ma petite maman, mon petit papa, pour mère (1), mes frères, mère Sainte Marie, mère Eugénie. Bientôt Marie ne sut plus se passer de la mère Sainte-Marie, et une petite malade si aimable ne pouvait manquer de gagner le cœur de son infirmière. Celle-ci passait donc près du lit de Marie tous les moments que ne réclamaient pas d'autres soins. Lorsqu'il lui fallait cependant se faire remplacer par quelqu'autre personne , elle trouvait moyen de faire agréer son absence en remettant son crucifix entre les mains de Marie : — Ce sera Notre-Seigneur maintenant qui vous tiendra compagnie.

— Et la mère Sainte-Marie , observant l'enfant sans qu'elle pût s'en douter, la voyait baiser et caresser cette image de Jésus crucifié , si bien faite pour parler au cœur.

______

(1) Elle nommait ainsi sa grand-mère.

Marie resta près de deux mois couchée sans exprimer une seule fois combien elle était fatiguée. Sa docilité, son courage à prendre tous les remèdes indiqués sans jamais témoigner de répugnance, était si fort au-dessus de son âge, que médecins et infirmières ne savaient qu'admirer, sans pouvoir s'expliquer comment tant de force de volonté pouvait entrer dans le caractère d'une enfant de six ans. C'est que déjà l'esprit de foi dominait les passions naissantes de Marie. Chaque jour elle se rendait compte des victoires remportées sur elle-même, en marquant le nombre sur un petit dixain qui ne la quittait point. *Que de vertus pratiquées aujourd'hui !* lui dit un jour son infirmière ; puis la mettant à la question, elle vit avec surprise qu'en effet chacun des actes dont Marie avait tenu compte méritait d'être noté sur les pages du grand livre : C'était tantôt un mot, une plainte retenue, une drogue prise sans dire mot. Marie allait même jusqu'à rappeler exactement chaque jour l'heure où il lui fallait avaler ce désagréable breuvage, bien qu'elle fût ravie quand on l'en dispensait. Parmi ces actes, le plus méritoire fut celui qu'il lui fallut faire au départ

de son père. Il était accouru à la première nouvelle du danger, et passait quelques heures chaque jour près de la petite malade ; heures bien
douces pour le père et pour l'enfant. Un mois se
passa de la sorte ; quelques lueurs d'espérance
ayant permis à M. de P*** de retourner à ses affaires, il prit congé de sa petite Marie, se pro-
mettant de revenir aussitôt qu'il lui serait possible. Les yeux de l'enfant se remplirent de larmes à cet adieu qui devait être le dernier. Mais
rappelant cette énergie qui était admirable en
elle, aussitôt elle se retourne brusquement et
fait semblant de dormir.

Comme la maladie de Marie était plutôt un
dépérissement qu'un mal caractérisé, elle pouvait encore s'occuper ; jamais on ne la trouvait
oisive. Ses petites prières achevées, on la vit
constamment, tant que ses forces le lui permi-
rent, un ouvrage ou un livre à la main. Elle fit
un marquoir très-soigné, et acheva un petit tabouret en tapisserie, commencé pour son père
avant qu'elle fût alitée.

Nous voulions à toute force retenir sur la
terre ce petit ange. L'idée nous vint de consa-

crer Marie à la sainte Vierge qu'elle aimait tant, en lui faisant porter le cordon bleu et blanc. Depuis, elle ne pouvait souffrir qu'on lui ôtât, même pendant la nuit, ce signe de sa consécration à sa bonne Mère. Le mois de Marie arrivé, on exposa la statue de la sainte Vierge en face du lit de notre petite malade, et elle fut si fidèle à faire son *mois de Marie*, que s'il arrivait à l'infirmière de l'oublier, elle était là première à le lui rappeler, et à faire allumer les bougies qui entouraient la statue. Le beau temps ayant permis de promener Marie au jardin dans une petite voiture destinée à cet usage, c'était le plus souvent devant la fenêtre de la chapelle des Enfants de Marie, où reposait le cœur de sa mère, que cette chère enfant demandait à faire les exercices du mois de Marie.

La Reine des Anges semblait attendre la fin de ce mois que notre petite malade solennisait avec tant de ferveur, pour l'appeler aux joies de l'éternité. Le 31 mai, Marie se trouva si mal, qu'on résolut de lui faire recevoir l'Extrême-Onction. L'infirmière lui fit envisager le sacrement des mourants comme une grande grâce que la sainte Vierge lui avait réservée pour terminer son mois. Déjà Marie avait reçu précédemment le sacrément de Pénitence avec toutes les dispositions qu'on pouvait attendre d'une raison et d'une foi prématurées. On lui proposa de se confesser encore. — Mais je n'ai point fait de péchés depuis que j'ai reçu l'absolution — fut sa réponse. Impossible de rendre par des paroles l'expression de joie, de bonheur, de respect empreinte sur le visage de cette enfant pendant l'administration. On voulait réciter pour elle l'acte de contrition : — Mais je le sais bien, — et elle se mit à le répéter. Elle présentait d'elle-même les mains aux saintes Onctions. Les religieuses présentes étaient émues jusqu'aux larmes. Marie, tout entière à la grande action qui se passait, suivit constamment tous les mouvements du prêtre faisant le signe de la croix. Depuis, elle resta dans un recueillement qu'on ne se lassait pas d'admirer. Une enfant lui ayant parlé d'un jouet qu'on devait lui donner : — Laissez-moi, laissez-moi, — lui dit Marie d'un air et d'un ton qui signifiaient que des pensées bien plus sérieuses devaient l'occuper désormais.

Ce fut le lendemain, 1er juin, à dix heures du

matin qu'elle alla rejoindre sa mère. Elle expira entre les bras de l'infirmière qui depuis trois heures et demi du matin ne l'avait pas quittée un seul instant. Pendant tout le temps que dura l'agonie, elle parut conserver sa connaissance et entendit les courtes prières qu'on lui suggérait par intervalles. Souvent on lui fit baiser le crucifix et une petite statue de la Sainte-Vierge qu'elle affectionnait, et toujours elle parut comprendre ce qu'elle faisait.

Dieu la voulait près de lui, car ce jour-là même s'achevait une neuvaine à Notre-Dame-des-Victoires, non précisément dans l'intention d'obtenir une guérison, mais simplement pour demander à la sainte Vierge ce qu'elle savait être le plus avantageux à l'âme de cette aimable enfant. La Reine du ciel voulut lui épargner les tristes épreuves de cette vie, et l'appeler aux joies de la victoire avant les alternatives du combat.

Chère Angèle, vous qui dans votre défiance de vous-même nous aviez demandé d'écrire la vie de cet autre petit ange, Octavie de Crouy (1), pour

(1) Voyez *Souvenirs de la Congrégation de N.-D.*

vous aider à former le cœur de vos enfants, vous ne songiez pas qu'un jour vous-même serviriez de modèle à vos compagnes, et que vous leur offririez dans votre petite Marie des exemples non moins admirables que tous ceux qui vous charmaient dans les enfants que le Ciel nous a demandées avant vous.

Vos mères d'autrefois vous prient aujourd'hui d'abaisser sur elles vos regards, du haut de cette demeure de paix où Dieu fait oublier à ses élus la tribulation légère et momentanée de cette vie. Chère enfant, bénissez-nous, aidez-nous par vos prières à former parmi les élèves qui occupent votre place dans cette maison des Oiseaux que vous avez tant aimée, beaucoup d'Angèles, beaucoup de Maries.

FIN.

TABLE.

Préface.	Page	v
Aux enfants d'Angèle.		IX
Angèle de Sainte-C***, comtesse de P***.		1
Marie de P***.		185

[illegible]

[illegible]

[illegible]

www.ingramcontent.com/pod-product-compliance
Lightning Source LLC
LaVergne TN
LVHW021436170726
843501LV00005B/1369